OS CHAKRAS

C. W. Leadbeater

OS CHAKRAS

Os Centros Magnéticos Vitais do Ser Humano

Tradução
Euclidez Luiz Calloni

Editora
Pensamento
SÃO PAULO

Título do original: *The Chakras.*

Publicado originalmente por The Theosophical Publishing House Adyar, Madras – Índia.

2ª edição 2025.

Editor: Adilson Silva Ramachandra
Gerente editorial: Roseli de S. Ferraz
Gerente de produção editorial: Indiara Faria Kayo
Preparação de originais: Danilo Di Giorgi
Editoração eletrônica: Cauê Veroneze Rosa
Revisão: Luciane Gomide

Dados Internacionais de Catalogação na Publicação (CIP)
(Câmara Brasileira do Livro, SP, Brasil)

Leadbeater, C. W.
Os chakras : os centros magnéticos vitais do ser humano / C. W. Leadbeater ; tradução Euclidez Luiz Calloni. -- 2. ed. -- São Paulo : Editora Pensamento, 2025.

Título original: The chakras

ISBN 978-85-315-2440-0

1. Chacras (Teosofia) I. Título.

25-275721 CDD-299.934

Índices para catálogo sistemático:

1. Chacras : Teosofia : Religião 299.934
Cibele Maria Dias - Bibliotecária - CRB-8/9427

Direitos reservados
EDITORA PENSAMENTO-CULTRIX LTDA.
Rua Dr. Mário Vicente, 368 – 04270-000 – São Paulo – SP
Fone: (11) 2066-9000
http://www.editorapensamento.com.br
E-mail: atendimento@editorapensamento.com.br
Foi feito o depósito legal.

Sumário

RELAÇÃO DAS ILUSTRAÇÕES

LÂMINAS

FIGURAS

TABELAS

LÂMINA 1

CHAKRA CORONÁRIO

LÂMINA 2

CHAKRA RAIZ OU BÁSICO

LÂMINA 3

CHAKRA ESPLÊNICO

LÂMINA 4

CHAKRA UMBILICAL

LÂMINA 5

CHAKRA CARDÍACO

LÂMINA 6

CHAKRA LARÍNGEO

LÂMINA 7

CHAKRA FRONTAL

LÂMINA 8

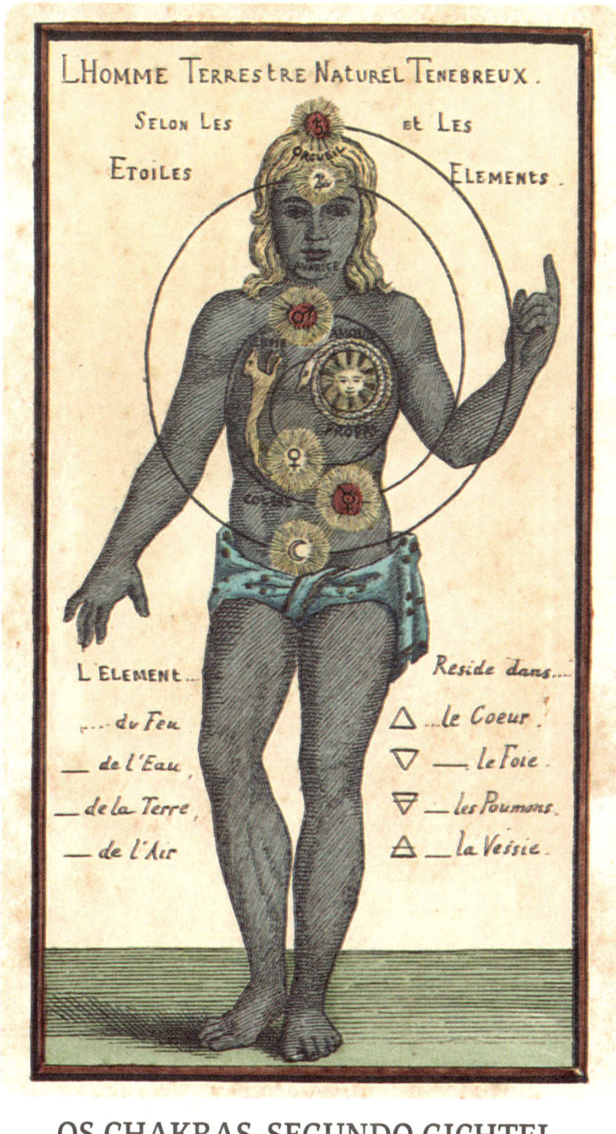

OS CHAKRAS, SEGUNDO GICHTEL

LÂMINA 9

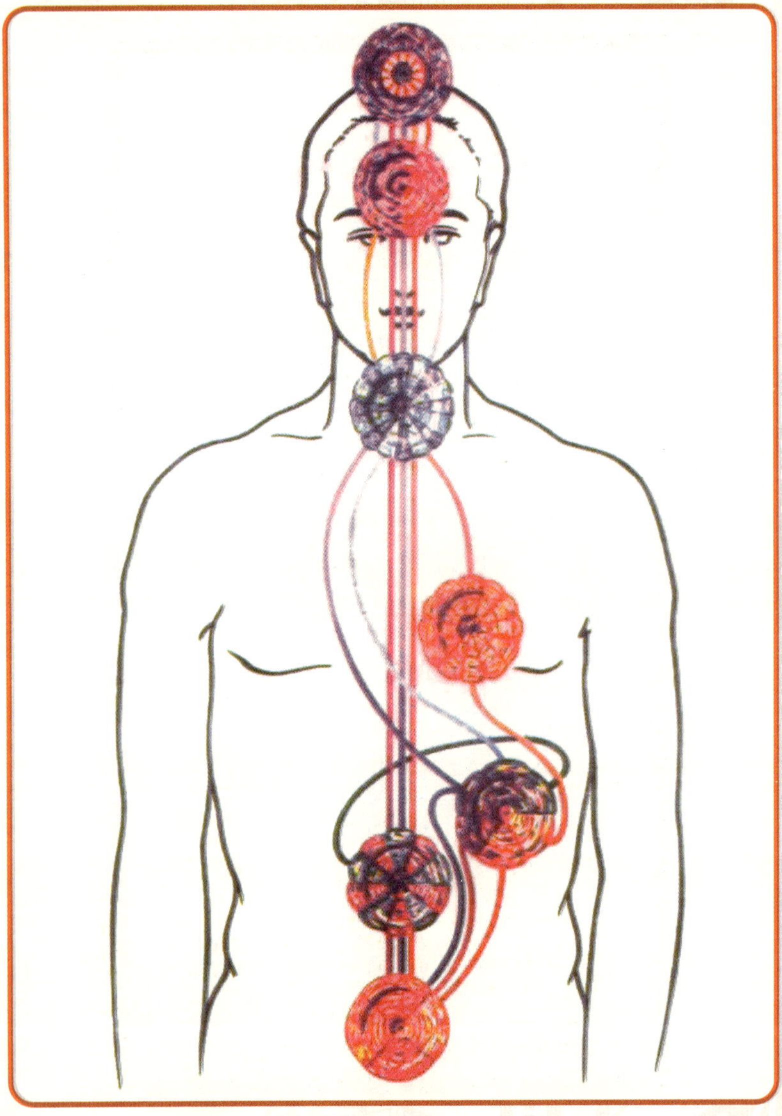

AS CORRENTES DA VITALIDADE

LÂMINA 10

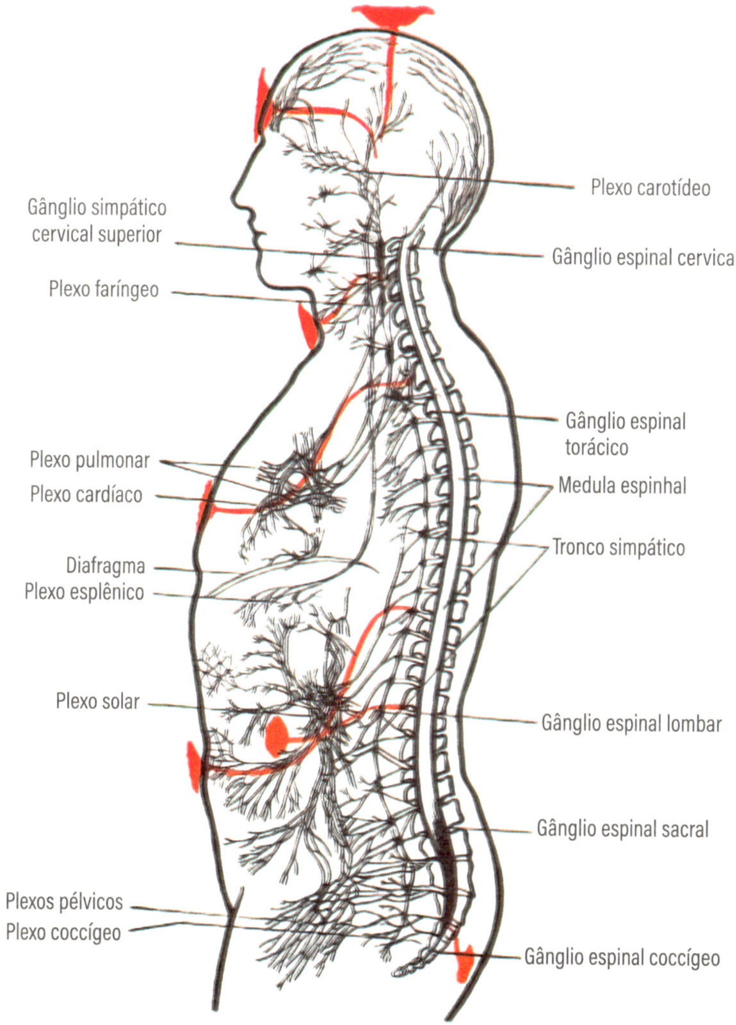

OS CHAKRAS E O SISTEMA NERVOSO

PREFÁCIO DA PRIMEIRA EDIÇÃO

QUANDO uma pessoa começa a aprimorar seus sentidos, quando passa a ver e perceber a realidade um pouco mais do que a maioria de seus semelhantes, um mundo novo e fascinante se lhe revela. A percepção dos chakras costuma ser uma das primeiras coisas que atraem sua atenção nesse ponto da caminhada. Ela passa a perceber as pessoas ao redor sob um novo aspecto, enxergando nelas muitas facetas que eram invisíveis, e assim consegue compreendê-las, valorizá-las e, quando necessário, ajudá-las de uma maneira muito mais efetiva. Os pensamentos e sentimentos delas se expõem a seus olhos em toda a sua nitidez de forma e cor, assim como o estágio de desenvolvimento pessoal e condições de saúde, que se tornam então fatos evidentes, não mais meras conjecturas. O colorido intenso e o movimento rápido e incessante dos chakras dos semelhantes chamam sua atenção de imediato e, evidentemente, ela quer saber o que são e o que significam.

O objetivo deste livro é responder a essas perguntas e, para os que ainda não fizeram nenhuma tentativa de desenvolver suas faculdades adormecidas, apresentar algumas ideias relacionadas a essa faculdade que possibilita aos irmãos mais afortunados, ou esforçados, entrar em contato com realidades mais sutis.

A fim de dissipar inevitáveis equívocos preliminares, é preciso entender muito claramente que nada há de fantasioso ou antinatural no que diz respeito à visão que permite a algumas pessoas perceberem mais do que outras. Trata-se apenas de uma extensão das faculdades que todos conhecemos. Desenvolver essas qualidades é tornar-se sensível a vibrações mais rápidas do que àquelas a que nossos sentidos físicos são normalmente treinados a perceber. No curso da evolução, todos desenvolverão essas faculdades. Alguns, no entanto, se dedicaram de modo especial a esse desenvolvimento, à custa de muitos anos de grande esforço e trabalho árduo, uma atitude e compromisso que a maioria das pessoas não tem interesse em assumir.

Sei muito bem que ainda existem milhares de pessoas no mundo tão atrasadas em sua evolução a ponto de negar a existência dessas faculdades, do mesmo modo que ainda existem aldeões que nunca viram um trem movido a vapor. Não disponho de tempo nem de espaço para argumentar contra tamanha ignorância; posso apenas recomendar aos interessados meu livro *Clairvoyance*[1] e dezenas de obras de outros autores sobre o mesmo assunto.

---

1. The Theosophical Publishing House. [*A Clarividência*. São Paulo: Pensamento, 1981 (fora de catálogo).]

Tudo já foi provado centenas de vezes, e ninguém com capacidade de compreender o valor das evidências pode continuar alimentando dúvidas.

Há muitos textos sobre os chakras, mas quase todo o material está praticamente em sânscrito, ou em algum outro idioma hindu. Só muito recentemente apareceram em inglês alguns comentários sobre essas obras. Mencionei-os por volta de 1910 em meu livro, *The Inner Life*,[2] e, depois disso, foi publicada a magnífica obra de *Sir* John Woodroffe, *The Serpent Power* (O Poder da Serpente) e foram traduzidos alguns outros livros hindus. *The Serpent Power* reproduz os desenhos simbólicos dos chakras usados pelos yogues hindus, mas as ilustrações que incluo neste livro são, até onde sei, a primeira tentativa de representá-los como realmente aparecem aos que são capazes de vê-los por vias clarividentes.

Escrevo este livro principalmente com o objetivo de apresentar ao público esse belo conjunto de desenhos do meu amigo Rev. Edward Warner, a quem desejo expressar meu mais cordial e profundo agradecimento por todo o tempo e trabalho dedicados a eles. Também agradeço ao meu infatigável colaborador, o professor Ernest Wood, pela coleta e compilação de todas as valiosas informações a respeito das opiniões dominantes na Índia sobre o tema da obra, que estão no Capítulo 5.

---

2. Leadbeater, Charles W. *A Vida Interior*. São Paulo: Pensamento, 1966 (fora de catálogo).

Como estava muito atarefado com outra obra, minha intenção a princípio era coletar e reimprimir, como acréscimo às ilustrações, os vários artigos que escrevi há muito tempo sobre o assunto. Ao revisá-los, porém, certas questões surgiram e uma rápida pesquisa me revelou fatos novos, que foram então devidamente inseridos. Um aspecto interessante é que tanto o glóbulo de vitalidade quanto o anel da *kundalini* foram observados pela dra. Annie Besant e catalogados como hiper-meta-proto elementos em 1895, embora não os tenhamos pesquisado o suficiente na época para descobrir sua relação mútua e o importante papel que desempenham na economia da vida humana.

C.W.L.

CAPÍTULO 1

OS CENTROS DE ENERGIA

SIGNIFICADO DA PALAVRA

A PALAVRA "chakra" tem origem no sânscrito e significa "roda". É um termo usado também em vários sentidos complementares, derivados e simbólicos, assim como seus correspondentes em muitos idiomas ocidentais. Do mesmo modo como falamos da "roda do destino", o budista fala da "roda da vida e da morte", e atribui ao primeiro grande sermão em que o Senhor Buda propôs sua doutrina o nome *Dhammachakkappavattana Sutta* (sendo *chakka* o equivalente em páli do *chakra* em sânscrito), que o professor Rhys Davids traduz poeticamente como "fazer girar as rodas da carruagem real de um império universal de verdade e de justiça". Esse é exatamente o espírito do significado que a expressão transmite ao devoto budista, embora a tradução literal da palavra em si seja "o giro da roda da Lei". O uso especial da palavra chakra que nos ocupa no momento é sua aplicação a um conjunto de vórtices com formato de rodas que existe na superfície do duplo etérico do ser humano.

EXPLICAÇÕES PRELIMINARES

Como este livro será provavelmente lido por algumas pessoas pouco familiarizadas com a terminologia teosófica, convém oferecer aqui algumas explicações preliminares.

Em conversas despretensiosas do dia a dia, as pessoas às vezes mencionam sua alma - querendo dizer que o corpo, seu instrumento de comunicação, é o verdadeiro ser, e considerando o que chamam de alma como uma posse ou atributo desse corpo - uma espécie de balão flutuando acima dele e ligado a esse corpo de algum modo. Essa afirmação é vaga, imprecisa e enganosa, pois a realidade mostra bem o contrário, ou seja, que **o ser humano *é* uma alma que possui um corpo** - vários corpos, na verdade, uma vez que, além do veículo visível por meio do qual se relaciona e opera no mundo inferior, ele possui outros corpos invisíveis à visão comum por meio dos quais se comunica com os mundos emocional e mental. Não é com estes, porém, que nos ocupamos no momento.

Nossos conhecimentos sobre os detalhes mais específicos do corpo físico avançaram de modo extraordinário ao longo do século XIX. Os estudantes de medicina têm hoje familiaridade com a desconcertante complexidade desse corpo e têm pelo menos uma ideia geral do intrincado e incrível funcionamento do seu mecanismo.

O DUPLO ETÉRICO

Não obstante, esses estudantes precisam limitar sua atenção à parte do corpo denso que é visível a olho nu. É muito provável que a maioria deles desconheça a existência da matéria invisível, ainda que física, que na Teosofia recebe o nome de etérica.[3] Essa parte invisível do corpo físico é de grande importância para nós, pois é o veículo pelo qual fluem as correntes da vitalidade que mantêm o corpo vivo. Sem ele servindo de ponte para transferir ondulações de pensamento e de sentimento da matéria astral e mental para a matéria física mais densa e visível, o ego[4] não poderia fazer uso das células do cérebro. O clarividente o vê nitidamente na forma de uma massa de névoa cinza-violeta esmaecida interpenetrando a parte mais densa do corpo físico e estendendo-se ligeiramente além dele.

3. Não confundir com "éter", que alguns consideram como o meio de circulação das ondas eletromagnéticas. (N. do E.)
4. Individualidade. Não confundir com o uso do termo na psicologia. (N. do E.)

O corpo físico passa por mudanças incessantes e precisa receber constantemente alimentação de três fontes diferentes para se manter vivo. Ele tem necessidade de alimento para digerir, de ar para respirar e de três formas de vitalidade para absorver. Essa vitalidade é essencialmente energia, mas, quando revestida de matéria, mostra-se um elemento químico altamente refinado. Essa energia está em todos os planos, mas nosso interesse no momento é tão somente considerar sua manifestação no mundo físico.

Para compreender isso, precisamos conhecer um pouco a constituição e a organização dessa parte etérica do nosso corpo. Há muitos anos, escrevi várias obras sobre esse assunto, e o coronel Arthur E. Powell compilou todas as informações divulgadas e as publicou em um livro denominado *The Etheric Double*.[5]

OS CENTROS

Os chakras, ou centros de energia, são pontos de conexão ou enlace em que a energia flui de um veículo ou corpo de uma pessoa para outra. Qualquer indivíduo dotado de alguma clarividência, ainda que com um baixo grau de desenvolvimento, pode vê-los com facilidade no duplo etérico, em cuja superfície transparecem

5. The Theosophical Publishing House. [*O Duplo Etérico*. São Paulo: Pensamento, 1967 (fora de catálogo).]

como depressões semelhantes a pequenos pratos ou vórtices. Quando pouco desenvolvidos, têm a aparência de pequenos círculos de uns cinco centímetros de diâmetro, com brilho esmaecido em pessoas comuns. Quando despertados e avivados, porém, assumem a forma de redemoinhos reluzentes, cintilantes, de dimensões maiores e assemelhando-se a pequenos sóis. Às vezes, dizemos que, até certo ponto, correspondem a determinados órgãos físicos. Na realidade, porém, eles estão na superfície do duplo etérico, que se projeta um pouco além do corpo denso.

É possível ter uma ideia mais geral da aparência de um chakra observando de frente o cálice de uma flor da família das convolvuláceas. O pecíolo de cada flor brota de um ponto na coluna vertebral. Assim, vista de outra perspectiva, a coluna tem a aparência de um tronco central (ver Lâmina 7), do qual brotam flores a intervalos, expondo seus cálices na superfície do corpo etérico.

Os sete centros de que tratamos no momento estão ilustrados na Figura 1; a Tabela 1 apresenta seus nomes em português e em sânscrito.

Essas rodas giram incessantemente. Uma energia do mundo superior – uma manifestação da corrente vital que emana do Segundo Aspecto do Logos Solar, chamada energia primária – flui ininterruptamente para o centro (cubo) de cada uma delas. Essa energia é de natureza sétupla, e todas as suas formas operam em cada centro, embora uma delas predomine sobre

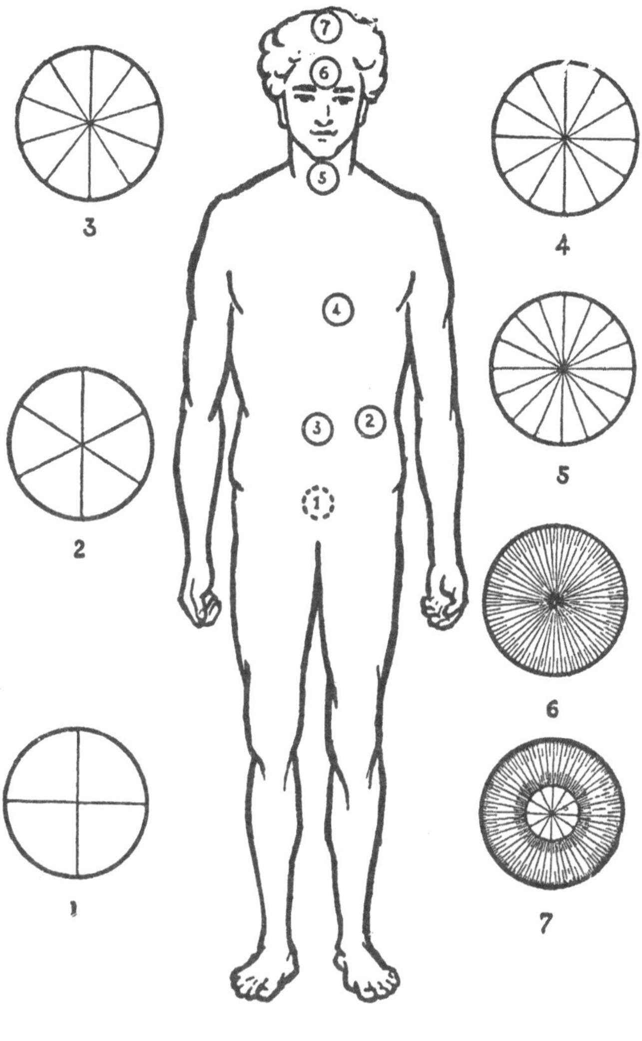

FIGURA 1

FIGURA HUMANA COM A REPRESENTAÇÃO DOS CHAKRAS.

as demais, de acordo com o chakra. O corpo físico não poderia existir sem esse influxo de energia. Assim, os centros operam em todo ser humano, mas seu movimento é bastante lento nas pessoas pouco desenvolvidas, em geral formando apenas o vórtice necessário para o influxo da energia. Nas pessoas mais evoluídas, eles brilham e pulsam com luz intensa, de modo que quantidades muito maiores de energia passam por eles, daí resultando um maior número de faculdades e possibilidades à disposição da pessoa.

FORMA DOS VÓRTICES

Essa energia divina que flui do exterior para cada centro cria, em ângulos retos com relação a si mesma, isto é, na superfície do duplo etérico, energias secundárias em movimento circular ondulatório, do mesmo modo que uma barra imantada introduzida em uma bobina de indução produz uma corrente elétrica que flui em torno da bobina em ângulos retos em relação ao eixo ou direção do ímã.

A própria energia primária, depois de entrar no vórtice, irradia-se dele novamente em ângulos retos, mas em linhas retas, como se o centro do vórtice fosse o cubo de uma roda e as radiações da energia primária fossem seus raios. Por meio desses raios, servindo como ganchos de fixação, a energia dá a impressão de unir os corpos astral e etérico. O número desses raios difere nos diversos centros de energia e determina o número de ondas ou pétalas que cada um deles exibe. Por esse motivo, livros orientais descrevem poeticamente esses centros comparando-os a flores.

As energias secundárias que giram em torno da depressão em forma de pires têm cada uma seu comprimento de onda próprio e uma luz de determinada cor. Em vez de se movimentar em linha reta como a luz, porém, cada uma delas se move em ondulações relativamente grandes e de tamanhos variados, cada uma

Nome Português	Nome Sânscrito	Localização
Chakra Raiz ou Básico	Muladhara	Base da coluna
Chakra Esplênico ou do Baço	*	Sobre o baço
Chakra Umbilical ou do Umbigo	Manipura	No umbigo, sobre o plexo solar
Chakra Cardíaco ou do Coração	Anahata	Sobre o coração
Chakra Laríngeo ou da Garganta	Vishuddha	Na frente da garganta
Chakra Frontal ou da Testa	Ajna	Entre as sobrancelhas
Chakra Coronário ou da Coroa	Sahasrara	No topo da cabeça

TABELA 1 – NOMES DOS CHAKRAS E LOCALIZAÇÃO.

* O chakra esplênico não consta dos livros hindus; ocupa seu lugar um centro chamado *Svadhishthana*, localizado perto dos órgãos reprodutivos, sendo a ele atribuídas as mesmas seis pétalas do baço. Em nosso entender, o despertar desse centro seria considerado um infortúnio, dados os graves perigos a ele associados. No sistema egípcio de desenvolvimento, precauções rigorosas eram tomadas para evitar qualquer despertar dessa natureza. (Ver *A Vida Oculta na Maçonaria*. São Paulo: Pensamento, 19ª ed., 2013.)

das quais é um múltiplo dos comprimentos de onda menores dentro dela. O número de ondulações é determinado pelo número de raios da roda, e a energia secundária se entremeia por cima e por baixo das correntes irradiantes da energia primária, da mesma forma que uma cesta pode ser tecida em torno dos raios de uma roda de carroça. Os comprimentos de onda são infinitesimais e provavelmente milhares deles formam uma única ondulação.

Com o giro vertiginoso das energias no vórtice, essas oscilações de tamanhos diferentes se entrecruzam nesse trançado e produzem o formato de flor a que me referi. É possível que a semelhança seja ainda maior com certos pires ou vasos rasos de vidro ondulado iridescente, como os produzidos em Veneza. Todas essas ondulações ou pétalas têm aquele efeito multicolorido cintilante, como o da madrepérola, mas em geral cada uma tem sua cor predominante, como mostram as ilustrações. Obras em sânscrito comparam esse aspecto prata-rosado ao brilho da lua na superfície da água.

AS LÂMINAS

As lâminas apresentadas neste livro representam os chakras como são vistos por um clarividente razoavelmente evoluído e inteligente e que já trabalha com eles em algum nível. É claro que as cores aqui apresentadas não são suficientemente luminosas – nenhuma cor do mundo físico poderia sê-lo, mas os desenhos dão pelo menos uma ideia da aparência dessas rodas de luz.

Pelo já exposto, se compreenderá que os centros variam de tamanho e brilho segundo cada pessoa, e que na mesma pessoa alguns deles podem ser mais desenvolvidos do que outros. Todos são desenhados em tamanho real, com exceção do chakra *sahasrara* ou coronário, que achamos necessário ampliar para ressaltar sua incrível riqueza de detalhes.

No caso de uma pessoa que se destaca nas qualidades expressas por meio de determinado centro, esse centro, além de muito expandido, será também especialmente radiante, emitindo raios dourados brilhantes. Um exemplo disso está na precipitação (manifestação mediúnica) da aura do sr. Stainton Moses feita por Madame Blavatsky, hoje conservada em um armário nos arquivos da Sociedade Teosófica em Adyar. Sua reprodução, embora muito imperfeita, encontra-se na página 364 do Volume I das *Old Diary Leaves*, de autoria do coronel Olcott.

Os chakras se dividem naturalmente em três grupos: inferior, médio e superior, que podem chamar-se, respectivamente, fisiológico, pessoal e espiritual.

O primeiro e o segundo chakras, com poucos raios ou pétalas, têm como função principal acolher no corpo duas forças confluentes nesse nível físico – o fogo serpentino proveniente da terra e a vitalidade procedente do sol. Os chakras do grupo intermediário, de números 3, 4 e 5, estão envolvidos com as energias que confluem para o ser humano através da personalidade – pelo astral inferior, no caso do chakra 3, pelo astral superior, no do chakra 4, e pela mente inferior, no do chakra 5. Todos esses centros parecem alimentar certos gânglios no corpo físico. Os chakras 6 e 7 se destacam dos demais, relacionando-se com as glândulas pituitária (hipófise) e pineal, respectivamente, mas ativando-se somente quando a pessoa alcança certo grau de desenvolvimento espiritual.

Alguns sugerem que cada pétala desses centros de energia representa uma qualidade moral e que o desenvolvimento dessa qualidade ativa o chakra. Por exemplo, no texto clássico *Dhyana-bindu Upanishad*, as pétalas do chakra cardíaco são associadas à devoção, à preguiça, à raiva, à caridade e a qualidades semelhantes. Ainda não me deparei com nenhum fato que confirme cabalmente essa ideia, sendo bastante difícil compreender como isso pode ocorrer, pois as pétalas resultam da ação de certas energias facilmente reconhecíveis, e em cada chakra estão ou não ativas segundo essas energias tenham sido despertadas ou não, e tudo indica que seu desenvolvimento não tem relação mais direta com a moralidade do que o aumento do bíceps. Conheci pessoas com alguns chakras em plena atividade, apesar de seu avanço moral não ser de forma alguma elevado; por outro lado, observei outras de elevada espiritualidade e da mais nobre moralidade possível cujos chakras estavam praticamente inativos. Pode-se então concluir que não há nenhuma relação necessária entre os dois desenvolvimentos.

Certos fatos observáveis, no entanto, podem fundamentar essa ideia curiosa. Embora a semelhança com as pétalas seja causada pelas mesmas energias que giram em torno do chakra, acima e abaixo dos raios alternadamente, estes diferem em suas peculiaridades, porque a energia afluente se subdivide em seus componentes ou qualidades e, assim, cada raio irradia uma influência desenvolvida própria, embora com leves variações. Ao passar pelo raio, a energia secundária é em certa medida modificada pela influência desse raio e, portanto, altera um pouco sua tonalidade. Algumas dessas nuances podem indicar uma modalidade de energia favorável ao desenvolvimento de uma qualidade moral; sendo assim fortalecida, essa qualidade terá sua vibração correspondente intensificada. Desse modo, o fortalecimento ou o enfraquecimento do matiz indicará a posse em maior ou menor grau da respectiva qualidade.

CHAKRA RAIZ

O primeiro chakra, raiz, básico ou fundamental (Lâmina 1), localizado na base da coluna vertebral, tem uma energia primária que irradia em quatro raios e assim organiza suas ondulações de modo a produzir o efeito de sua divisão em quadrantes, alternando tonalidades vermelhas e alaranjadas, com espaços entre eles. Essa configuração lhe confere a aparência de uma cruz, razão pela qual é esse o símbolo geralmente usado para representar esse chakra. Às vezes, uma cruz flamejante representa o fogo serpentino que reside nele.

Quando vigoroso, esse chakra tem uma cor vermelho-alaranjada incandescente, praticamente correspondendo ao tipo de vitalidade que o chakra esplênico lhe transmite. Com efeito, observaremos em cada chakra correspondência semelhante à cor da sua vitalidade.

CHAKRA ESPLÊNICO

O segundo chakra, o esplênico (Lâmina 2), localizado no baço, dedica-se ao desenvolvimento, subdivisão e difusão da vitalidade proveniente do sol. Essa vitalidade é novamente irradiada por ele em seis fluxos horizontais, com um sétimo direcionado para o cubo da roda. Esse centro tem, então, seis pétalas ou ondulações, todas de cores diferentes, e é especialmente brilhante, resplandecente, à semelhança do sol. Em cada uma das seis divisões da roda predomina a cor de uma das modalidades da energia vital: vermelha, laranja, amarela, verde, azul e violeta.

CHAKRA UMBILICAL

O terceiro chakra, umbilical (Lâmina 3), situado no umbigo ou no plexo solar, recebe uma energia primária com dez radiações, vibrando então de modo a se dividir em dez ondulações ou pétalas. Esse chakra está estreitamente associado a diferentes sentimentos e emoções. Sua cor predominante é uma curiosa combinação de vários tons de vermelho e também muita quantidade de verde. As divisões são principalmente vermelhas e verdes, em alternância.

CHAKRA CARDÍACO

O quarto chakra, cardíaco (Lâmina 4), correspondendo ao coração, é de cor dourada brilhante e tem seus quadrantes divididos em três partes, totalizando doze ondulações, pois sua energia primária produz doze raios.

CHAKRA LARÍNGEO

O quinto chakra, laríngeo (Lâmina 5), na garganta, tem dezesseis raios, portanto, dezesseis divisões perceptíveis. Embora haja nele muito azul, sua tonalidade geral é de um prateado reluzente, sugerindo o brilho da Lua sobre as ondulações da água. O azul e o verde predominam alternadamente em suas diversas partes.

CHAKRA FRONTAL

O sexto chakra, frontal (Lâmina 6), localizado entre as sobrancelhas, mostra-se dividido em metades, uma em que predomina o cor-de-rosa, mas com muito amarelo; a outra em que a cor preponderante é uma espécie de azul-púrpura, de novo em estreita correspondência com as cores das modalidades especiais da vitalidade que dá vida ao chakra. Talvez seja esse o motivo pelo qual os livros hindus mencionam que esse centro tem apenas duas pétalas. Todavia, contando as ondulações da mesma natureza que as dos centros anteriores, verificamos que cada metade se subdivide em 48 ondulações, perfazendo um total de 96, porque esse é o número de radiações da sua energia primária.

O brusco salto de 16 para 96 raios e a variação ainda mais surpreendente de 96 para 972 raios entre esse chakra e o próximo mostram-nos que estamos diante de centros de uma ordem inteiramente distinta da ordem dos que estivemos considerando até o momento. Não conhecemos ainda todos os fatores que determinam o número de raios de um chakra, mas já é evidente que representam nuances de variação da energia primária. Antes de sermos capazes de dizer algo mais sobre essa questão, precisaremos realizar centenas de observações e comparações – fazê-las, reproduzi-las e comprová-las repetidas vezes. Nesse meio-tempo, fica muito evidente que, enquanto as necessidades da personalidade podem ser satisfeitas por um número limitado de modalidades de energia, quando chegamos aos princípios mais elevados e permanentes do ser humano, encontramos uma tão complexa multiplicidade, que requer para sua expressão uma seleção muito maior de modalidades de energia.

CHAKRA CORONÁRIO

O sétimo chakra, coronário, situado no topo da cabeça, é o mais resplandecente de todos quando em plena atividade, apresentando efeitos cromáticos indescritíveis e vibrando com rapidez quase inconcebível. Parece conter todos os matizes prismáticos, embora no conjunto predomine o violeta.

Os livros hindus lhe atribuem mil pétalas, o que não está longe da verdade, pois o número de radiações da sua energia primária no círculo externo é de 960. Cada linha dele está fielmente reproduzida no frontispício, apesar da dificuldade de representar o efeito das pétalas separadas. Além disso, possui uma característica única entre todos os chakras, uma espécie de vórtice central subsidiário branco e dourado reluzente que tem uma atividade menor e conta com doze ondulações próprias.

Em geral, este é o último chakra a ser despertado. No início, ele é do mesmo tamanho dos demais, mas, à medida que a pessoa progride no caminho espiritual, ele aumenta consistentemente até cobrir quase toda a parte superior da cabeça.

Outra particularidade diz respeito ao seu desenvolvimento. Inicialmente, ele é uma depressão no corpo etérico, à semelhança de todos os outros, porque é através dele, como também dos demais, que a energia divina aflui do exterior. Mas quando a pessoa toma consciência da sua posição como soberana da luz divina, distribuindo generosidade a tudo ao seu redor, este chakra se inverte, virando de dentro para fora, por assim dizer. Ele deixa de ser um canal de recepção e passa a ser um canal de irradiação; não é mais uma depressão, mas uma proeminência, destacando-se da cabeça como uma cúpula, uma verdadeira coroa de glória.

É frequente imagens orientais e estátuas de divindades ou de pessoas de grande virtude representarem essa proeminência. Na Figura 2, ela se eleva sobre a cabeça de uma estátua de Buda em Borobudur, na ilha de Java. Esse é o método convencional de representá-la, e é com essa forma que aparece sobre a cabeça de milhares de imagens do Senhor Buda em todo o mundo oriental.

Em muitos casos, as imagens reproduzem as duas partes do chakra *sahasrara* – primeiro, a cúpula maior de 960 pétalas e, em seguida, elevando-se, a cúpula menor de 12 pétalas. A cabeça à direita é a de Brahma do Hokke-do de Todai-ji, em Nara, Japão (que data de 749 d.C.). Ela está revestida de uma touca amoldada para representar este chakra, com uma pequena coroa de chamas projetando-se dela, diferentemente da representação da cabeça da estátua de Buda.

Esse chakra está presente também na simbologia cristã, nas coroas de ouro dos 24 anciãos que as depõem diante do trono de Deus (Apocalipse 4,4.10).

Na pessoa evoluída, esse chakra coronário refulge com esplendor e glória, sendo para ela uma coroa de fato, real e verdadeira. O significado dessa passagem da

Bíblia é que tudo o que essa pessoa conseguiu, todo o extraordinário karma que acumula, toda a maravilhosa energia espiritual que gera, tudo *isso* ela depõe aos pés do Logos para aplicação em Sua obra. Assim, ela pode continuar depondo indefinidamente sua coroa dourada porque ela se reconstitui incessantemente à medida que a energia dessa pessoa evoluída emana de dentro.

FIGURA 2 – REPRESENTAÇÕES DO CHAKRA CORONÁRIO.

OUTRAS CONSIDERAÇÕES SOBRE OS CENTROS

A descrição desses sete centros de energia aparece com frequência na literatura sânscrita, como em alguns *Upanishads* menores, nos *Puranas* e em obras tântricas, e hoje em dia muitos yogues hindus os utilizam. Um amigo meu, familiarizado com a vida e cultura da

Índia, me assegurou que existe nesse país uma escola que utiliza livremente os chakras – uma escola com cerca de 16 mil alunos espalhados por uma grande área. Muitas informações interessantes sobre o assunto, oriundas de fontes hindus, serão resumidas com comentários em um capítulo posterior.

Tudo indica também que certos místicos europeus conheciam os chakras. Provas desse fato encontram-se em uma obra intitulada *Theosophia Practica*, de autoria do conhecido místico alemão Johann Georg Gichtel, aluno de Jacob Boëhme, que provavelmente pertenceu à sociedade secreta dos Rosa-cruzes. É dessa obra de Gichtel que é reproduzida a Lâmina 7, com a generosa permissão dos editores. Esse livro foi originalmente publicado no ano de 1696, embora conste na edição de 1736 que as figuras, das quais o volume é acima de tudo uma descrição, só foram impressas cerca de dez anos após a morte do autor, ocorrida em 1710. Deve-se distinguir esse livro de uma coletânea de correspondências de Gichtel publicada com o mesmo título de *Theosophia Practica*. O presente volume não está editado em forma de cartas, mas consiste em seis capítulos que tratam do tema da regeneração mística, um princípio de grande importância entre os rosa-cruzes.

A ilustração aqui apresentada é uma fotografia da tradução francesa da *Theosophia Practica*, publicada em 1897 na Bibliotheque Rosicrucienne (nº 4) pela Bibliotheque Chacornac, Paris.

Gichtel nasceu em Ratisbona, na Baviera, em 1638. Estudou Teologia e Direito, e advogou por algum tempo. Pouco depois, porém, percebendo a existência de um mundo espiritual interior, renunciou a todos os interesses mundanos e iniciou um movimento místico cristão. Opondo-se à ortodoxia ignorante do seu tempo, atraiu o ódio daqueles a quem combatia, pelo que, por volta de 1670, foi banido e seus bens confiscados. Conseguiu refugiar-se na Holanda, onde viveu os quarenta anos restantes da sua vida.

Evidentemente, para Gichtel as figuras estampadas em sua *Theosophia Practica* eram de natureza secreta; aparentemente, manteve-as restritas ao pequeno círculo de discípulos por vários anos. Segundo ele, resultavam de uma iluminação interior – presumivelmente o que agora chamamos de clarividência. Na página de rosto, ele diz que o livro é "uma breve exposição dos três princípios dos três mundos do Homem, representados em imagens claras, mostrando como e onde eles têm os seus respectivos centros no homem interior, de acordo com o que o autor encontrou em si mesmo na contemplação divina e com o que sentiu, provou e percebeu".

Como ocorre com a maioria dos místicos da sua época, no entanto, falta a Gichtel a precisão que deveria caracterizar o verdadeiro ocultismo e misticismo. Ao descrever as figuras, ele se permite longas, embora por vezes interessantes, digressões sobre as dificuldades e problemas da vida espiritual. Assim, como a apresentação das ilustrações, o livro tem suas limitações.

Talvez ele não ousasse dizer muito ou então desejasse induzir seus leitores a aprenderem a ver por si mesmos o que descrevia. Pela vida verdadeiramente espiritual que viveu, tudo indica que desenvolveu clarividência suficiente para ver esses chakras, mas desconhecia sua verdadeira natureza e utilização, de modo que, em suas tentativas de explicar seu significado, atribuiu-lhes o simbolismo contemporâneo da escola mística a que pertencia.

Como veremos, Gichtel tem em mente aqui o homem terreno natural envolto em trevas, por isso talvez se justifique o fato de ser um pouco pessimista a respeito dos chakras. Ele nada comenta sobre o primeiro e o segundo (possivelmente sabendo que se relacionam principalmente com os processos fisiológicos), mas rotula o plexo solar como sede da raiva, como de fato é. Para ele, o chakra cardíaco é cheio de amor-próprio, o laríngeo é cheio de inveja e avareza, e os dois superiores nada irradiam além de orgulho.

Ele também atribui planetas aos chakras: a Lua ao básico; Mercúrio ao esplênico; Vênus ao umbilical; o Sol ao cardíaco (embora se veja uma serpente enroscada nele); Marte ao laríngeo; Júpiter ao frontal e Saturno ao coronário. Informa-nos ainda que o fogo reside no coração, a água no fígado, a terra nos pulmões e o ar na bexiga.

Convém destacar que ele desenha uma espiral que começa na serpente em torno do coração e passa por todos os centros. Não se percebe, porém, uma razão clara para a ordem seguida por esse traçado. Não há uma explicação para o simbolismo do cão em disparada, de modo que estamos livres para interpretá-lo de acordo com nosso melhor juízo.

Mais adiante o autor nos oferece uma ilustração do homem regenerado por Cristo, que esmagou definitivamente a serpente, mas substituiu o Sol pelo Sagrado Coração jorrando sangue.

O interesse da imagem para nós, no entanto, não está nas interpretações do autor, mas no fato de que ela mostra sem a menor dúvida que pelo menos alguns místicos do século XVII sabiam da existência e da posição dos sete chakras no corpo humano.

Mais evidências de um conhecimento antigo desses centros de energia encontram-se nos rituais da Maçonaria, cujos elementos principais chegam até nós desde tempos imemoriais. Monumentos arqueológicos comprovam que esses elementos eram conhecidos e praticados no Antigo Egito e têm sido fielmente transmitidos até os dias de hoje. Eles se encontram entre os segredos dos maçons, que, ao utilizá-los, estimulam e ativam alguns desses centros para a ocasião e o propósito do seu trabalho, embora em geral pouco ou nada saibam do que ocorre além do alcance da visão normal. Obviamente, é impossível explicar mais aqui, mas mencionei o que é permitido divulgar em *A Vida Oculta na Maçonaria*.

CAPÍTULO 2

AS ENERGIAS

A ENERGIA PRIMÁRIA OU VITAL

A Divindade emana centenas de formas de energia, a maioria das quais desconhecemos completamente. Algumas que foram observadas e conhecemos manifestam-se em todos os níveis já alcançados por muitos de nós. No momento, consideramos suas manifestações apenas no mundo físico. Uma delas apresenta-se como eletricidade, outra como fogo serpentino, outra ainda como vitalidade e uma quarta como força ou energia vital, bem diferente da vitalidade, como já veremos.

A pessoa que se propõe a descobrir a origem dessas energias e suas mútuas relações necessita de um esforço paciente e prolongado. Na época em que reuni no livro *The Hidden Side of Things*[6] as respostas às per-

---

6. *O Lado Oculto das Coisas*. São Paulo: Pensamento, 1977 (fora de catálogo).

guntas que haviam sido feitas em anos anteriores nas convenções em Adyar, eu conhecia no plano físico as manifestações da energia vital, da *kundalini* e da vitalidade, mas não a relação dessas forças com as Três Emanações. Por isso, as descrevi como inteiramente diferentes e separadas destas. Pesquisas posteriores me permitiram preencher essa lacuna, e hoje estou muito satisfeito por esta oportunidade de corrigir as minhas afirmações errôneas anteriores.

Três são as energias principais que fluem pelos chakras, podendo-se considerá-las como representativas dos três aspectos do Logos. A energia que aflui para a boca em forma de sino do chakra e que em relação a si mesma forma uma energia secundária circular é uma das expressões da Segunda Emanação, oriunda do Segundo Aspecto do Logos – o fluxo vital que o Logos envia para a matéria já vitalizada pela ação do Terceiro Aspecto do Logos na Primeira Emanação. É esse simbolismo que está presente nos ensinamentos cristãos segundo os quais Cristo encarna (isto é, toma forma) do Espírito Santo e da Virgem Maria.

Essa Segunda Emanação se subdividiu há muito tempo em grau quase infinito. Não só se subdividiu, mas ainda se diferenciou com relação a si mesma – isto é, assim parece. Na realidade, é quase certo que se trata apenas de *maya*, a ilusão pela qual a vemos em ação. Ela chega através de incontáveis milhões de canais, manifestando-se em todos os planos e subplanos do nosso sistema e, no entanto, é fundamentalmente uma só e mesma energia que não se deve confundir com a Primeira Emanação, que há muito tempo produziu os elementos químicos dos quais esta Segunda Emanação extrai o material com que constrói seus veículos em todos os níveis. A impressão é de que algumas de suas manifestações foram mais baixas ou mais densas, porque se serve de matéria mais baixa e mais densa. No nível búdico, ela se apresenta como o Princípio do Cristo, expandindo-se e desdobrando-se gradualmente de modo imperceptível dentro da alma humana.

Percebemos que ela vivifica diversas camadas de matéria nos corpos astral e mental, de modo que podemos observar diferentes manifestações de si mesma na parte superior do astral sob a aparência de uma emoção nobre, e na parte inferior do mesmo veículo como um mero jato de força vital energizando a matéria desse corpo.

Na sua manifestação mais baixa, nós a vemos envolvendo-se em um véu de matéria etérica e jorrando do corpo astral para a boca em forma de sino desses chakras na superfície da parte etérica do corpo físico. Aqui ela encontra outra energia que emana do interior do corpo humano – o misterioso poder chamado *kundalini*, ou fogo serpentino.

O FOGO SERPENTINO

Essa energia é a manifestação no plano físico de outro dos múltiplos aspectos do poder do Logos. Ela pertence à Primeira Emanação, que por sua vez deriva do Terceiro Aspecto. Essa energia existe em todos os planos, os quais desconhecemos; não obstante, é a manifestação dessa força na matéria etérica que requer nossa atenção neste momento. Ela não se transforma na energia primária já mencionada nem na energia da vitalidade proveniente do sol, e parece não ser absolutamente afetada por nenhuma outra forma de energia física. Já testemunhei o episódio em que um homem recebeu uma descarga elétrica de 1.250 ao estender o braço em direção à parede, chamas enormes irromperam dos seus dedos, mas ele não sentiu nada de anormal; além disso, nessas circunstâncias, ele só sofreria algum dano ou lesão caso tocasse um objeto qualquer. Nem mesmo essa imensa carga elétrica produziu qualquer efeito sobre o fogo serpentino.

Sabemos há muitos anos que existe nas profundezas da terra o que podemos chamar de laboratório do Terceiro Logos. Ao investigar as condições no centro da terra, deparamo-nos com uma imensa esfera de energia tão formidável que é impossível alguém se aproximar. Só conseguimos tocar suas camadas externas, e apenas com isso já nos convencemos de que estão em simpática relação com as camadas da *kundalini* no corpo humano. A energia do Terceiro Logos deve ter penetrado nesse centro em eras remotas, mas ainda continua ativa. O Logos dedica-se ali ao desenvolvimento gradual de novos elementos químicos de complexidade e de vida ou atividade energética interna cada vez maiores.

Os estudantes de química conhecem a Tabela Periódica, desenvolvida pelo químico russo Dmitri Mendeleev em 1869. Nela, os elementos químicos conhecidos estão dispostos na ordem dos seus pesos atômicos, começando pelo mais leve, o hidrogênio, com peso atômico 1, e terminando com o mais pesado conhecido até 1927, o urânio, com um peso relativo de 238,5. Nossas pesquisas sobre essas questões revelam que esses pesos atômicos eram praticamente proporcionais ao número de átomos finais em cada elemento. Registramos esses números no livro *Química Oculta*, acompanhados da forma e da composição de cada elemento.

Na maioria dos casos em que examinamos os elementos com visão etérica, as formas encontradas mostram - como também mostra a Tabela Periódica - que os elementos foram desenvolvidos em ordem cíclica, não em linha reta, mas em espiral ascendente. Recebemos a informação de que os elementos hidrogênio, oxigênio e nitrogênio (que constituem aproximadamente metade da crosta terrestre e quase toda sua atmosfera) também entram na composição de outro e maior sistema solar, mas entendemos que os demais elementos foram desenvolvidos pelo Logos do nosso sistema. Sob condições de temperatura e pressão inconcebíveis para nós, nosso Logos está estendendo sua espiral para além do urânio. Aos poucos, à medida que forma novos elementos, o Logos os projeta das profundezas para a superfície da terra.

A energia da *kundalini* em nosso corpo provém desse laboratório do Espírito Santo oculto nas profundezas da terra. Ela pertence àquele formidável fogo cintilante do mundo subterrâneo. Esse fogo contrasta profundamente com o fogo da vitalidade que procede do sol, explicado a seguir. Este pertence ao ar, à luz e aos vastos espaços abertos, ao passo que o fogo que sobe das profundezas é muito mais material, como o do ferro ou do metal incandescente. Um aspecto assustador dessa tremenda energia é a impressão que dá de descer cada vez mais profundamente na matéria, de se movimentar à frente de forma lenta mas irresistível, com determinação irreprimível.

O fogo serpentino não é a porção de energia com que o Terceiro Logos compõe elementos químicos cada vez mais densos. Ele se assemelha à modalidade da energia que está no centro vivo de elementos como o rádio. Ele faz parte da ação da vida do Terceiro Logos depois de imergir totalmente e está uma vez mais ascendendo às alturas de onde veio. Já faz tempo que entendemos que a segunda onda de vida, procedente do Segundo Logos, desce para a matéria através do primeiro, segundo e terceiro reinos elementais, até o mineral, e em seguida ascende novamente através dos reinos vegetal e animal para o reino humano, onde encontra o poder descendente do Primeiro Logos. Temos essa sugestão na Figura 3, indicando que a Segunda Emanação desce pela esquerda, chega ao seu ponto mais denso na base do diagrama e em seguida ascende novamente pela direita.

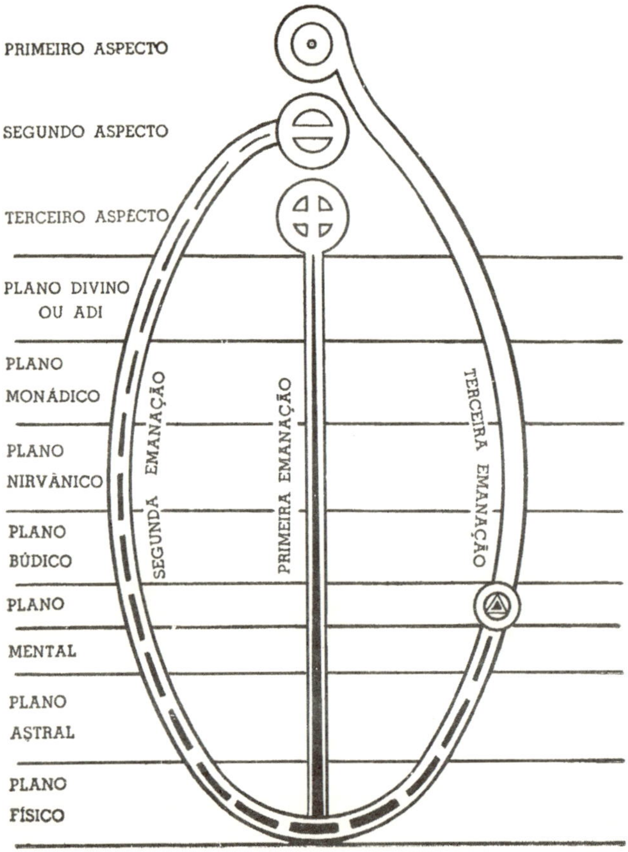

FIGURA 3 – AS TRÊS EMANAÇÕES

Constatamos agora que a energia do Terceiro Logos também volta a subir depois de atingir seu ponto mais baixo, e então precisamos imaginar que a linha vertical no centro da figura retoma seu caminho. A *kundalini* é a energia dessa Emanação em seu caminho de volta, e opera no corpo de criaturas em evolução que estão em contato íntimo com a energia primária já mencionada, as duas agindo em conjunto para levar a criatura ao ponto em que possa receber a Emanação do Primeiro Logos, e se torna um ego, um ser humano, e ainda carregam os veículos mesmo depois disso. Assim, tiramos o poderoso poder de Deus da terra, embaixo, bem como do céu, em cima. Somos filhos da terra, como também do sol. Estes dois se encontram em nós e trabalham juntos pela nossa evolução. Não podemos ter um sem o outro, mas, se um deles se torna excessivo, os perigos são tremendos. Daí o risco de ativar as camadas mais profundas do fogo serpentino antes de viver uma vida reta e virtuosa.

Ouvimos muita coisa a respeito desse fogo estranho e do perigo de atiçá-lo prematuramente, e grande parte do que ouvimos é sem dúvida verdade. Com efeito, é enorme o perigo de ativar os aspectos mais elevados dessa impetuosa energia antes que a pessoa acumule forças para controlá-la e adquira a pureza de conduta e de pensamento que por si só lhe dê segurança para liberar potência tão formidável. Mas a *kundalini* desempenha um papel muito mais importante na vida diária do que em geral supomos. Uma manifestação muito mais baixa e branda dessa energia já está desperta em todos nós, uma força que não faz nenhum mal, e é inclusive benéfica, pois sua função consiste em realizar dia e noite a tarefa que lhe compete realizar enquanto estamos totalmente inconscientes da sua presença e atividade.

Certamente já percebemos essa energia quando ela percorre os nossos nervos, e a chamamos simplesmente de fluido nervoso, sem saber o que realmente é. O esforço para analisá-la e descobrir sua origem nos levou à conclusão de que ela penetra no corpo humano pelo chakra raiz.

Como as demais modalidades de energia, a *kundalini* é invisível, mas no corpo humano aloja-se em um curioso ninho de esferas concêntricas vazias de matéria astral e etérica, uma dentro da outra, como as bolas de um quebra-cabeça chinês. Parece haver sete dessas esferas concêntricas abrigadas no chakra raiz, dentro e ao redor da última célula real ou vazio da coluna vertebral perto do cóccix. Nas pessoas comuns, a energia está ativa somente na esfera mais externa. Nas demais esferas, ela está "dormindo", como dizem alguns livros orientais. Só quando a pessoa tenta despertar a energia latente nessas camadas internas é que os fenômenos perigosos do fogo começam a aparecer. O fogo inofensivo da epiderme da esfera sobe pela coluna vertebral, fluindo simultaneamente (pelo menos até onde as pesquisas revelam) pelos três canais de *Sushumna*, *Ida* e *Pingala*.

OS TRÊS CANAIS ESPINAIS

Em *A Doutrina Secreta*, Madame Blavatsky escreve o seguinte a respeito dessas três correntes que fluem no interior e em torno da coluna vertebral de todo ser humano:

A escola trans-himalaica... coloca *Sushumna*, sede principal dos três *Nadis*, no conduto central da medula espinhal. ...São *Ida* e *Pingala* simplesmente os sustenidos e bemóis daquele *fá* da natureza humana, ...que, vibrando adequadamente, despertam as sentinelas de ambos os lados, o Manas espiritual e o Kama físico, e subjugam o inferior por meio do superior.[7]

O *Akasha* puro circula por *Sushumna*: seus dois aspectos fluem por *Ida* e *Pingala*. São os três ares vitais, simbolizados pelo cordão bramânico. São regidos pela Vontade. A Vontade e o Desejo são, respectivamente, o aspecto superior e o inferior de uma coisa só. Daí a importância de se manterem puros os canais ...De *Sushumna*, *Ida* e *Pingala* parte uma corrente que, desde o canal central, circula por todo o corpo.[8]

Ida e *Pingala* funcionam em toda a extensão da parede curva da coluna em que se acha Sushumna. São semimateriais, positivo e negativo, sol e lua, e põem em ação a corrente livre e espiritual de *Sushumna*. Seguem caminhos distintos, que lhe são peculiares, pois de outra forma se ramificariam por todo o corpo. É pela concentração em *Ida* a *Pingala* que se gera o "fogo sagrado".[9]

---

7. BLAVATSKY, Helena P. *A Doutrina Secreta*. São Paulo: Pensamento, 1994, Vol. VI, p. 141.
8. *Idem, ibidem*, p. 173.
9. *Idem, ibidem*, p. 182.

Em *A Vida Oculta na Maçonaria*, fiz referência a certo uso maçônico dessas forças nestes termos:

> Faz parte do plano da Maçonaria estimular a atividade dessas forças no corpo humano, a fim de apressar a evolução. Aplica-se esse estímulo no momento em que o V M. cria, recebe e constitui o candidato. No Primeiro Grau afeta o *Ida* ou aspecto feminino da força, com o que facilita ao candidato o domínio das paixões e emoções. No Segundo Grau afeta *Pingala* ou aspecto masculino, e o fortalece a fim de facilitar o domínio da mente. No Terceiro Grau se desperta a energia central, o *Sushumna*, e abre o caminho para a influência superior do espírito.
>
> É subindo por esse canal que o yogue deixa o seu corpo físico à vontade, de sorte que ele pode reter plena consciência nos planos superiores, e trazer para seu cérebro clara memória de suas experiências. As figuras da próxima página indicam toscamente o modo como as forças etéreas fluem através do corpo humano. O *Ida* sai da base da espinhal dorsal, à esquerda do *Sushumna*, e o *Pingala* à direita (bem entendido, à esquerda e à direita do *corpo humano* e não do espectador). Na mulher estão invertidas essas posições. As linhas terminam na medula oblongata.[10]

10. *A Vida Oculta na Maçonaria*. São Paulo: Pensamento, 19ª edição, 2013, pp. 222-23.

Na Índia, a coluna vertebral é denominada *Brahmadanda*, ou bastão de Brahma. O desenho na Figura 4(d) representa também o bastão original do caduceu de Mercúrio, ou Hermes, em que as duas serpentes simbolizam a *kundalini* ou fogo serpentino que se move ao longo desses canais; as asas simbolizam o poder do voo consciente aos planos superiores que a ativação desse fogo possibilita. Na Figura 4(a) temos o *Ida* estimulado após a iniciação no Primeiro Grau; a linha é de cor carmesim. Na passagem ao Segundo Grau, junta-se a ela a linha amarela do *Pingala*, representada na Figura 4(b). Por fim, na elevação ao Terceiro Grau, completa-se a série com o fluxo azul-escuro do *Sushumna*, ilustrado pela Figura 4(c).

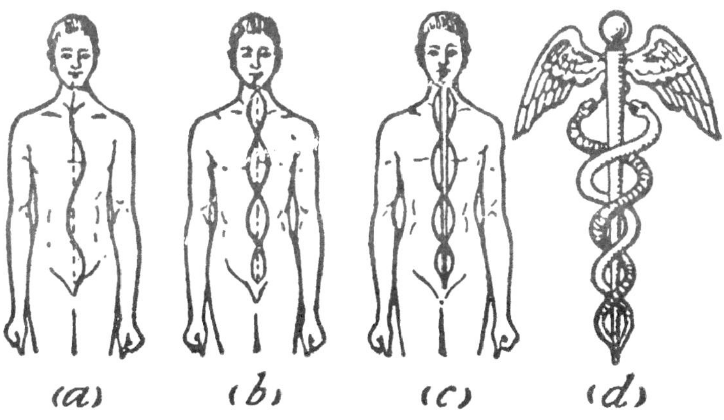

FIGURA 4 - OS CANAIS ESPINHAIS

A *kundalini*, ascendendo normalmente por esses canais, diferencia-se de duas maneiras nesse deslocamento para cima. Há nela uma curiosa mistura de qualidades positivas e negativas que poderíamos quase descrever como masculinas e femininas. De modo geral, prepondera o aspecto feminino, possível razão por que os livros hindus sempre se referem a essa energia com o pronome "ela". Além disso, talvez, também porque a obra *The Voice of Silence*[11] descreve uma certa "câmara no coração" como a morada e a Mãe do Mundo, onde algumas formas de yoga situam a *kundalini*. Mas, quando esse fogo serpentino sai da sua morada no chakra raiz e sobe pelos três canais mencionados, a energia que ascende por *Pingala* é quase toda masculina, enquanto a que sobe por *Ida* é quase toda feminina. O fluxo volumoso que sobe por *Sushumna* parece manter suas proporções originais.

A segunda diferenciação que ocorre durante a passagem dessa força pela coluna vertebral é que ela fica intensamente impregnada da personalidade do indivíduo. Ela parece entrar na base como uma força bem geral e sair no topo como o fluido nervoso desse indivíduo em particular, levando com ela a impressão das qualidades e idiossincrasias especiais dele que se manifestam nas vibrações desses centros da coluna que podem ser considerados raízes das quais brotam os caules dos chakras da superfície.

---

11. *A Voz do Silêncio*. São Paulo: Pensamento, edição revista, 2010.

CASAMENTO DAS ENERGIAS

Embora a boca em forma de sino do chakra esteja na superfície do corpo etérico, a haste em forma de trombeta da flor sempre brota de um centro na medula espinhal. É a esses centros na coluna, não às suas manifestações superficiais, que os livros hindus costumam se referir quando falam dos chakras. Em cada caso, uma haste etérica, em geral curvada para baixo, une essa raiz na coluna ao chakra externo (ver Lâmina 9). Como as hastes de todos os chakras originam-se na medula espinhal, essa energia flui naturalmente por essas hastes até a campânula do chakra, onde encontra o fluxo da vida divina que chega. A pressão criada por esse encontro produz a irradiação das energias reunidas, a qual se desloca horizontalmente ao longo dos raios do chakra.

As superfícies dos fluxos de energia primária e da *kundalini* se chocam nesse ponto, pois giram em direções opostas, criando uma pressão considerável. Atribuiu-se a essa condição o símbolo do "casamento" da vida divina, intensamente masculina, com a *kundalini*, sempre considerada claramente feminina. A energia somada resultante é em geral conhecida como magnetismo pessoal. Ela então vivifica os plexos próximos aos vários chakras, flui ao longo de todos os nervos do corpo e é a principal responsável por manter a temperatura corporal. Ela leva consigo a vitalidade absorvida e desenvolvida pelo chakra do baço.

Quando as duas forças se combinam, como se acaba de mencionar, verifica-se certo entrelaçamento de algumas das respectivas moléculas. A energia primária parece capaz de assumir diferentes configurações de forma etérica, sendo a mais comum a de um octaedro. Este é constituído de quatro átomos[12] dispostos em um quadrado, com um átomo central vibrando constantemente para cima e para baixo pelo meio do quadrilátero e em ângulos retos em relação a ele. Às vezes, a energia primária também usa uma pequena molécula extremamente ativa constituída de três átomos. A *kundalini* em geral se aloja em um disco plano de sete átomos, enquanto o glóbulo de vitalidade, também composto de sete átomos, os organiza em um plano semelhante ao da energia primária, exceção feita à forma, que é de um hexágono em vez de um quadrado. A Figura 5 ajuda o leitor a imaginar essas disposições.

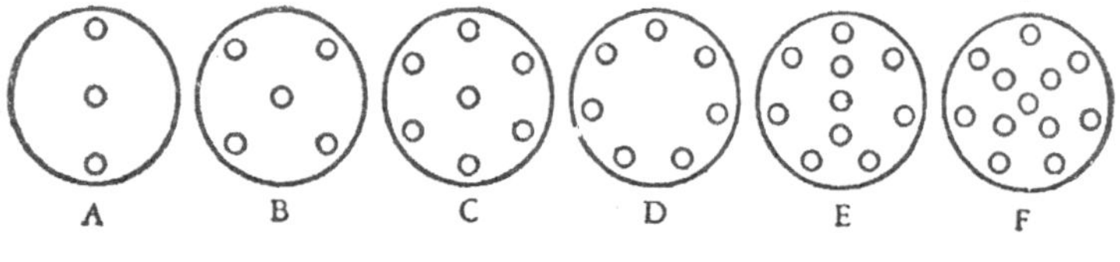

FIGURA 5 – CONFIGURAÇÃO DAS ENERGIAS.

12. O termo "átomo" não se refere aqui a um átomo químico, mas ao tipo básico de matéria no subplano mais elevado de cada plano da natureza. Do mesmo modo, "molécula" se refere a um agrupamento desses átomos de forma semelhante àquela pela qual átomos químicos formam moléculas químicas. Essa observação vale para todas as ocorrências dos termos na obra a partir deste ponto. (N. do E.)

A e B são formas adotadas pela energia primária, C é a forma tomada pelo glóbulo de vitalidade e D é a da *kundalini*. E mostra o efeito da combinação de A e D; F reflete esse efeito considerando B e D. Em A, B e C, o átomo central vibra constante e rapidamente em ângulos retos em relação à superfície do papel, saltando dela até uma altura maior que o diâmetro do disco, e daí descendo abaixo do papel a uma distância igual, repetindo esse movimento de vaivém várias vezes por segundo (o leitor deve entender que me expresso aqui em termos relativos, não literalmente; na realidade, a esfera representada pelo disco é tão minúscula que chega a ser invisível até ao mais potente microscópio; *proporcionalmente* a esse tamanho, porém, sua vibração é como a descrevo). Em D, o único movimento é uma procissão constante em torno do círculo, mas há aí uma enorme quantidade de energia latente que se manifesta assim que as combinações ocorrem, como tentamos ilustrar em E e F. Os dois átomos positivos em A e B, quando assim combinados, continuam suas atividades violentas anteriores – de fato, sua energia é enormemente intensificada; os átomos em D, por sua vez, embora ainda se movimentem ao longo do mesmo circuito, aceleram tão imensamente sua velocidade que não são mais vistos como átomos separados e aparecem como um anel brilhante.

As quatro primeiras moléculas representadas acima são do tipo a que em sua obra *Química Oculta* a dra. Besant dá o nome de matéria hiper-meta-proto elemental De fato, elas podem ser idênticas a algumas das moléculas que ela desenhou para aquele livro. Mas E e F, sendo compostas, devem ser consideradas atuantes no subplano imediato, por ela chamado de superetérico, e assim seriam classificadas como matéria meta-proto. O tipo B é muito mais comum que o tipo A, daí decorrendo naturalmente que encontramos muito mais exemplos de F e E no fluido nervoso, o resultado final da confluência. Esse fluido nervoso é, portanto, uma corrente de vários elementos, contendo indivíduos de cada tipo representado na Figura 4 – simples e compostos, casados e solteiros, solteiros, solteironas e casais, todos fluindo juntos.

O movimento admiravelmente energético para cima e para baixo do átomo central nas combinações E e F lhes dá uma forma bastante incomum dentro de seus campos magnéticos, como mostra a Figura 6.

Para mim, a metade superior da figura se assemelha muito ao *lingam* que quase sempre ornamenta a fachada dos templos de Shiva na Índia. Segundo me explicaram, o *lingam* é um emblema do poder criador que, para os devotos hindus, desce para o interior da terra na mesma extensão em que se eleva acima dela. Eu me pergunto se os antigos hindus conheciam essa molécula especialmente ativa, e a imensa importância do papel que desempenha na sustentação da vida humana e animal, e se esculpiram seu símbolo em pedra como registro desse conhecimento oculto.

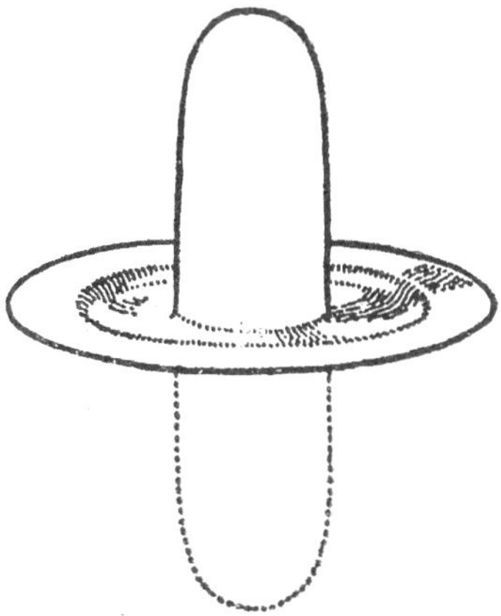

FIGURA 6 – FORMA COMBINADA DAS ENERGIAS.

SISTEMA SIMPÁTICO

Os especialistas em anatomia descrevem dois sistemas nervosos no corpo humano – o cerebrospinal e o simpático.

O cerebrospinal nasce no cérebro, desce pela medula espinhal e se ramifica por todo o corpo mediante gânglios que formam nervos entre cada duas vértebras contíguas.

O sistema simpático consiste em dois cordões que percorrem quase toda a extensão da coluna vertebral, à direita e à esquerda dela e um pouco à frente do seu eixo.

Dos gânglios desses dois cordões, menos numerosos do que os da medula espinhal, saem nervos simpáticos que formam os sistemas de rede chamados plexos, dos quais, por sua vez, como de estações de retransmissão, derivam gânglios terminais menores e nervos.

No entanto, esses dois sistemas se relacionam de inúmeras maneiras e por um número tão elevado de nervos de interconexão que não é possível considerá-los como duas organizações neurais distintas.

Além disso, temos um terceiro grupo, o dos chamados nervos vagos, que procedem da medula oblongata e se aprofundam independentemente no corpo, misturando-se constantemente com os nervos e plexos dos outros sistemas.

A medula espinal, o cordão simpático esquerdo e o nervo vago esquerdo estão representados na Lâmina 6. Ela mostra as conexões nervosas entre os gânglios espinais e simpáticos e os canais pelos quais estes últimos ramificam os nervos que formam os principais plexos do sistema simpático. Perceber-se-á que os plexos tendem a pender dos gânglios de que se originam, de modo que, por exemplo, o plexo celíaco ou solar depende em grande parte do grande nervo esplâncnico, que na Lâmina aparece derivado do quinto gânglio simpático torácico que, por sua vez, está ligado ao quarto gânglio espinal torácico. Este está quase no nível horizontal do coração, mas o nervo desce e se junta aos nervos esplâncnicos menores e mínimos, derivados dos gânglios simpáticos torácicos inferiores; estes, passando pelo diafragma, continuam até o plexo solar. Há ainda outras ligações entre esse plexo e os cordões, presentes até certo ponto na Lâmina, mas muito complicadas para serem descritas. Os nervos principais que se dirigem ao plexo cardíaco pendem de modo semelhante. No caso do plexo faríngeo, temos apenas uma leve inclinação, e o plexo carotídeo chega inclusive a subir desde o nervo carotídeo interno, proveniente do gânglio simpático cervical superior.

OS CENTROS NA COLUNA VERTEBRAL

Uma inclinação bastante semelhante é observada na haste etérica que conecta as flores ou chakras na superfície do duplo etérico com seus centros correspondentes na coluna vertebral, situados aproximadamente nas posições assinaladas em vermelho na Lâmina 9 e detalhados na Tabela 2. Os raios radiantes dos chakras fornecem energia a esses plexos simpáticos para ajudá-los em seu trabalho de retransmissão. No estágio atual dos nossos conhecimentos, parece-me precipitado identificar os chakras com os plexos, como alguns autores parecem ter feito.

Os plexos hipogástricos ou pélvicos estão sem dúvida ligados de alguma maneira ao chakra *svadhisthana*, situado perto dos órgãos reprodutivos. Ele é mencionado em livros hindus, mas não aparece em nosso programa de desenvolvimento. É provável que esses plexos sejam em grande parte subordinados ao plexo solar em tudo o que se refere à atividade consciente, pois tanto eles quanto o plexo esplênico mantêm uma relação muito estreita com o plexo solar por meio de inúmeros nervos.

Nome do Chakra	Posição na Superfície	Posição Aproximada da Coluna	Plexo Simpático	Plexos Secundários Principais
Raiz	Base da coluna	4ª Sacral	Coccígeo	-
Esplênico	Baço	1ª Lombar	Esplênico	-
Umbilical	Umbigo	8ª Torácica	Celíaco ou Solar	Hepático, pilórico, gástrico, mesentérico etc.
Cardíaco	Coração	8ª Cervical	Cardíaco	Pulmonar, coronário etc.
Laríngeo	Garganta	3ª Cervical	Faríngeo	-
Frontal	Entre as sobrancelhas	1ª Cervical	Carotídeo	Cavernoso e gânglios cefálicos em geral

TABELA 2 – OS CHAKRAS E OS PLEXOS.

O chakra coronário não tem ligação com nenhum dos plexos simpáticos do corpo físico, mas está associado à glândula pineal e ao corpo pituitário, como veremos no Capítulo IV. Ele está relacionado também ao desenvolvimento do sistema nervoso braquial e espinhal. Sobre a origem e as relações dos sistemas simpático e cerebrospinal, a dra. Annie Besant escreve o seguinte na obra *Um Estudo Sobre a Consciência*:[13]

13. São Paulo: Pensamento, 1988 (fora de catálogo).

Vejamos como se inicia e se desenvolve a formação do sistema nervoso pelos impulsos vibratórios provenientes do plano astral. Encontramos um pequeno grupo de células nervosas interligadas por diminutas ramificações. Esse grupo é formado pela ação de um centro surgido anteriormente no corpo astral – uma agregação de matéria astral organizada de modo a formar um centro para receber e responder a impulsos exteriores.

As vibrações passam desse centro astral para o corpo etérico, produzindo pequenos vórtices etéricos que atraem partículas de matéria física mais densa, por fim formando uma célula nervosa e grupos de células nervosas. Esses centros físicos recebem vibrações do mundo exterior e devolvem impulsos aos centros astrais, aumentando suas vibrações, de modo que os centros físicos e astrais agem e reagem reciprocamente, cada um se tornando mais complicado e mais eficaz. À medida que ultrapassamos o reino animal, o sistema nervoso físico se aperfeiçoa constantemente e se torna um fator cada vez mais predominante no corpo. Nos vertebrados, esse sistema primitivo transforma-se no sistema simpático, que governa e energiza os órgãos vitais – o coração, os pulmões, o trato digestório e outros. Além disso, ele desenvolve aos poucos o sistema cerebrospinal, que em seu funcionamento inferior está estreitamente ligado ao sistema simpático, tornando-se gradativamente mais dominante, ao mesmo tempo que, em seu maior grau de desenvolvimento, transforma-se no órgão normal para a expressão da "consciência desperta". O sistema cerebrospinal é formado por impulsos que se originam no plano mental, não no astral, sendo sua relação com este apenas indireta, por meio do sistema simpático, estruturado a partir do astral.

VITALIDADE

Todos nós conhecemos a sensação de alegria e bem-estar causada pelo contato com a luz do sol, mas somente os estudantes de ocultismo têm plena consciência das razões dessa sensação. Do mesmo modo que inunda todo seu sistema com luz e calor, o sol também derrama constantemente sobre ele outra energia que permanece um mistério para a ciência moderna do início do século XX e que recebeu o nome de "vitalidade". Ela permeia todos os níveis e se manifesta em todos os planos: físico, emocional, mental e os demais. Mas o que nos importa particularmente no momento é sua presença no nível mais baixo, onde introduz alguns átomos físicos, aumenta imensamente a atividade deles, os aviva e os faz brilhar.

Não devemos confundir a vitalidade com a eletricidade, embora de algum modo se assemelhe a ela. Sua ação difere de muitas maneiras do modo de operar tanto da eletricidade e da luz como do calor. Qualquer variante da eletricidade produz oscilação do átomo em seu todo - uma oscilação enorme em comparação com a do átomo. Mas a energia que denominamos vitalidade chega ao átomo vinda do interior, não do exterior.

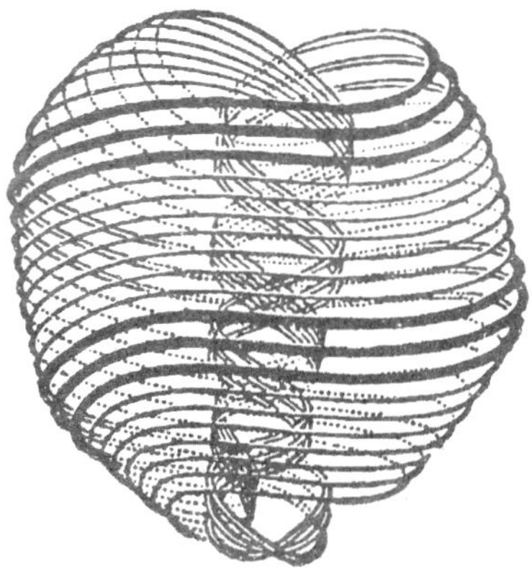

FIGURA 7 - ÁTOMO FÍSICO PRIMORDIAL.

O GLÓBULO DE VITALIDADE

O próprio átomo não é outra coisa senão manifestação de uma energia. A Divindade Solar deseja uma certa forma que chamamos de átomo físico primordial (Figura 7). Por esse esforço de Sua vontade, essa forma específica contém cerca de 14 bilhões de "bolhas em Koilon". É preciso enfatizar o fato de que a coesão das bolhas nessa forma depende totalmente desse esforço de vontade, de modo que se esta fosse removida, mesmo que por um instante, as bolhas se desagregariam e todo o mundo físico simplesmente deixaria de existir num tempo inferior ao do fulgor do raio. Mesmo desse ponto de vista, a verdade é que o mundo não passa de uma ilusão, sem mencionar que as bolhas que constituem o átomo são elas mesmas apenas espaços vazios em Koilon, o verdadeiro éter do espaço.

Assim, o que mantém o átomo coeso é a energia da vontade continuamente exercida da Divindade Solar. Ao examinar a ação dessa energia, vemos que ela não chega ao átomo do exterior, mas procede do seu interior, ou seja, tem sua origem em dimensões superiores. O mesmo princípio se aplica à energia denominada vitalidade. Ela provém do interior do átomo com a força que o mantém coeso, em vez de incidir sobre ele de fora, como fazem as outras formas de energia que chamamos luz, calor ou eletricidade.

Quando a vitalidade emana no átomo, ela o beneficia com uma vida suplementar e lhe provê uma força de atração, dando-lhe condições de atrair imediatamente outros seis átomos, que dispõe numa ordem definida, criando assim um elemento subatômico ou hiper-meta-proto, como já expliquei. Esse elemento, porém, difere de todos os observados até hoje, no sentido de que a energia que o cria e o mantém coeso procede do Primeiro Aspecto da Divindade Solar, não do Terceiro.

Os glóbulos de vitalidade se distinguem de todos os demais que flutuam na atmosfera, consequência do seu fulgor e extrema atividade – a vida intensamente vívida que evidenciam. É provável que essas sejam as vidas ígneas tão frequentemente mencionadas por Madame Blavatsky, como, por exemplo, em *A Doutrina Secreta*, em que ela escreve:

> Quanto a nós, sabemos que toda alteração fisiológica, além dos fenômenos patológicos ou enfermidades - (sem falar na própria vida, ou melhor, nos fenômenos objetivos da vida, provocados por certas condições e modificações nos tecidos do corpo, que permitem ou obrigam a ação vital neste último) -, sabemos que tudo isso se deve àqueles "Criadores" e "Destruidores" invisíveis, aos quais se dá o nome tão vago e genérico de micróbios. Poder-se-ia imaginar que essas Vidas Ígneas e os micróbios da ciência são a mesma coisa. Não o são. As Vidas Ígneas constituem a sétima e a mais elevada subdivisão do plano da matéria, e correspondem, no indivíduo, à Vida Una do Universo, ainda que unicamente nesse plano da matéria.[14]

Embora a energia que vivifica esses glóbulos seja bem diferente da luz, ela parece depender da luz para sua capacidade de manifestação. Sob um sol reluzente, essa vitalidade se renova constantemente e os glóbulos se reproduzem com grande rapidez e em números incalculáveis. Com tempo nublado, o número de glóbulos diminui de maneira considerável. À noite, até onde

14. BLAVATSKY, Helena P. *A Doutrina Secreta. Op. cit.*, Vol. I, p. 294.

conseguimos observar, essa operação cessa completamente. Podemos, portanto, dizer que durante a noite vivemos do estoque produzido durante o dia. Embora pareça quase impossível que esse estoque possa se esgotar por completo, ele evidentemente se reduz após uma longa sequência de dias nublados. Uma vez carregado, o glóbulo conserva-se como elemento subatômico, não sofrendo nenhuma alteração ou perda de energia, a menos ou até que seja absorvido por algum ser vivo.

SUPRIMENTO DE GLÓBULOS

À semelhança da luz e do calor, a vitalidade é continuamente gerada pelo sol, mas com frequência surgem obstáculos que impedem a chegada à Terra do suprimento total necessário. Nos climas invernais e sombrios, erroneamente chamados temperados, é bastante comum um manto fúnebre de nuvens carregadas encobrir o céu por vários dias seguidos, o que afeta tanto a vitalidade quanto a intensidade da luz. Essa capa não impede totalmente a passagem do sol, mas diminui sensivelmente suas irradiações. Assim, em regiões com predomínio de dias nublados e cinzentos, a vitalidade fica reduzida, e todos os seres vivos que ali habitam anseiam instintivamente pelo brilho do sol.

Quando átomos vitalizados se espalham menos, um ser humano saudável aumenta seu poder de absorção, gasta uma quantidade maior, e assim mantém suas energias no nível normal. Por outro lado, pessoas adoentadas ou de estrutura nervosa debilitada que não conseguem fazer isso quase sempre sofrem muito, enfraquecem e se irritam sem saber o motivo. Por razões semelhantes, a vitalidade diminui mais no inverno do que no verão, pois ainda que os curtos dias de inverno sejam ensolarados, o que é raro, ainda precisamos enfrentar as longas e sombrias noites durante as quais vivemos com a vitalidade que os dias armazenaram em nossa atmosfera. Por outro lado, os longos dias de verão, quando claros e limpos, carregam a atmosfera com tanta vitalidade que sua curta noite faz pouca diferença.

Baseado no estudo da vitalidade, o ocultista não pode deixar de reconhecer que, seja qual for a temperatura, a luz solar é um dos fatores mais importantes para ter e preservar uma saúde perfeita, pois nenhuma outra coisa pode compensá-la inteiramente. Uma vez que a vitalidade permeia não só o mundo físico, mas todos os outros, é evidente que, havendo condições satisfatórias em outros aspectos, as emoções, a razão e a espiritualidade estarão no seu nível mais elevado sob céus límpidos e com a inestimável ajuda da luz solar.

ENERGIAS PSÍQUICAS

As três energias mencionadas – a primária, a vitalidade e a *kundalini* – estão vinculadas apenas ao bem-estar físico e não têm uma relação direta com a vida mental e emocional do ser humano. Mas existem também energias a que damos o nome de psíquicas e espirituais. O primeiro e o segundo chakras não recebem essas energias, mas o umbilical e os demais situados acima do corpo são portas de entrada para energias que influenciam a consciência humana.

Em um artigo sobre os centros mentais inserido no livro *A Vida Interior*, expliquei que aglomerados de pensamento são coisas bem definidas que ocupam lugar no espaço. Pensamentos em torno do mesmo assunto e da mesma natureza tendem a se agregar. Por isso, para muitos assuntos, há um centro mental, um espaço definido na atmosfera para o qual afluem outros pensamentos da mesma espécie, aumentando assim as dimensões e a influência do agregado inicial. Desse modo, um pensador pode contribuir com um centro, que, por sua vez, pode influenciar o pensador. Essa é uma das razões por que as pessoas pensam em rebanho, como carneiros. Para uma pessoa de mentalidade preguiçosa é muito mais fácil aceitar um pensamento pronto de outra pessoa do que se dar ao trabalho mental de refletir sobre os vários aspectos de um dado assunto e chegar a uma decisão pessoal.

Isso é verdade com relação ao pensamento no plano mental e, com as devidas adaptações, aplica-se também aos sentimentos no plano astral. O pensamento desloca-se como um raio através da matéria sutil do plano mental; assim, os pensamentos do mundo inteiro sobre certo assunto podem facilmente se reunir num determinado ponto, tornando-se acessíveis e atraentes a quem quer que pense sobre a mesma questão. A matéria astral, embora muito mais sutil do que a física, é ainda mais densa do que a matéria do plano mental. As imensas nuvens de "formas emocionais" que sentimentos intensos produzem no mundo astral não se deslocam todas para um único centro, mas se misturam com outras formas adjacentes da mesma natureza, do que resultam enormes e fortes "blocos" de sentimento que flutuam por toda parte. Dessa forma, torna-se fácil entrar em contato com eles e ser por eles também influenciado.

A relação desse assunto com o nosso tema em pauta está no fato de que a manifestação dessa influência se processa por meio de um dos chakras. Para ilustrar o que quero dizer, tomo o exemplo de uma pessoa muito medrosa. Quem leu o livro *Man Visible and Invisible*,[15] se lembrará de que a condição do corpo astral dessa pessoa está representada na Lâmina 14. As vibrações do corpo astral de uma pessoa com medo atrairão imediatamente quaisquer nuvens de medo que casualmente estiverem nas proximidades. Se ela conseguir se recuperar rapidamente e controlar esse sentimento, as nuvens se afastarão aborrecidas, mas, se o medo persistir ou aumentar, elas descarregarão toda a energia acumulada pelo chakra umbilical da pessoa. O medo, então, pode degenerar em pânico alucinado, situação

15. *O Homem Visível e Invisível*. São Paulo: Pensamento, 1967 (fora de catálogo).

em que ela perde totalmente o controle de si mesma, correndo o sério risco de se precipitar cegamente em qualquer instância de perigo.

Da mesma maneira, uma pessoa que perde a paciência atrai nuvens de raiva e se expõe a um afluxo emocional que transforma sua indignação em fúria obsessiva – condição em que pode chegar a cometer um homicídio, movida por um impulso irresistível, quase inconsciente. Assim também, alguém que cede à depressão pode ser arrastado a um terrível estado de melancolia permanente. Igualmente, quem se deixa obcecar por desejos animalescos pode se tornar momentaneamente um monstro de luxúria e sensualidade, e sob essa influência cometer crimes que deixarão a própria pessoa horrorizada assim que recuperar a razão.

Todas essas correntes indesejáveis afluem à pessoa pelo chakra umbilical. Felizmente, há outras e mais elevadas possibilidades, como as nuvens de afeição e devoção. Quem sente essas emoções nobres tem condições especiais de intensificá-las através do chakra cardíaco, como retratam as Lâminas 11 e 12 de *O Homem Visível e Invisível.*

Em seu livro *Um Estudo sobre a Consciência,* a dra. Besant indica as emoções que afetam o chakra umbilical do modo mencionado. Ela divide as emoções em duas categorias, as emoções de amor e as emoções de ódio. Quem está do lado do ódio trabalha no chakra umbilical; quem está do lado do amor opera no coração. Ela escreve:

Vimos que o desejo tem duas expressões principais: desejo de atrair para possuir ou para entrar novamente em contato com um objeto que tenha proporcionado prazer anteriormente. Desejo de repelir para afastar ou evitar contato com um objeto que tenha causado sofrimento anteriormente. Vimos que a atração e a repulsão são as duas formas do desejo que domina o Eu.

Como a emoção é o desejo entremeado com o intelecto, inevitavelmente deve apresentar a mesma divisão em duas modalidades. Chama-se amor a emoção de natureza atrativa que une dois objetos por prazer, sendo assim a energia integradora do universo. Chama-se ódio a emoção de natureza repulsiva que separa dois objetos pelo sofrimento, sendo assim a energia desintegradora do universo. Esses são os dois troncos da raiz do desejo, e deles brotam todos os ramos das emoções.

Daí a identidade das características do desejo e das emoções: o amor procura atrair para si ou vai em busca do objeto atraente para se unir a ele, possuí-lo ou ser possuído por ele. Do mesmo modo que o desejo, ele une por prazer e felicidade. Na verdade, seus laços são mais duradouros e mais complexos, são compostos de fios mais numerosos e mais delicados entrelaçados em maior complexidade, mas a essência do desejo-atração, o vínculo de dois objetos, é a essência da emoção-atração, do amor. De igual modo, também o ódio procura afastar de

> si o objeto repulsivo ou fugir para se separar dele, para repeli-lo ou ser repelido por ele. Ele separa pelo sofrimento, pela infelicidade. Assim, a essência do desejo-repulsão, a separação de dois objetos, é a essência da emoção-repulsão, do ódio. Amor e ódio são as formas elaboradas e infusas de pensamento dos simples desejos de possuir e repelir.

Mais adiante, a dra. Besant explica que cada uma dessas duas grandes emoções se subdivide em três partes, conforme a pessoa se sinta forte ou fraca.

> O amor que olha para baixo é benevolência; o amor que olha para cima é reverência; essas são as características universais comuns ao amor de superiores a inferiores, e de inferiores a superiores. As relações normais entre marido e mulher e entre irmãos e irmãs nos oferecem um campo para estudar as manifestações do amor entre iguais. Aqui vemos o amor se mostrar como ternura e confiança mútuas, como consideração, respeito e desejo de agradar, como aguda percepção e esforço para satisfazer os desejos do outro, como magnanimidade e paciência. Os elementos presentes nas emoções amorosas de superior para inferior também se encontram aqui, mas a reciprocidade está impressa em todas elas. Podemos então dizer que a característica comum do amor entre iguais é o desejo de ajuda mútua.

> Temos assim benevolência, desejo de ajuda mútua e reverência como as três principais divisões da emoção amorosa, abarcando todas as emoções dessa natureza, pois todas as relações humanas se resumem nessas três categorias: de superiores a inferiores, de iguais a iguais e de inferiores a superiores.

Ela então explica as emoções de ódio do mesmo modo:

> Olhando para baixo, o ódio é desprezo; olhando para cima, é medo. Do mesmo modo, o ódio entre iguais se manifesta na raiva, na hostilidade, no desrespeito, na violência, na agressividade, na inveja, na insolência e outras ocorrências semelhantes – todas emoções que repelem uma pessoa de outra quando se enfrentam como rivais, cara a cara, não de mãos dadas. A característica comum do ódio entre iguais é, assim, a injúria mútua. E as três características principais da emoção de ódio são o desprezo, a ofensa e o medo.
>
> O amor encontra suas características em todas as suas manifestações de simpatia, abnegação e desejo de dar. Esses são seus fatores essenciais nas modalidades de benevolência, ajuda mútua e reverência, pois todas elas se subordinam à atração que une e são da verdadeira natureza do amor. Por isso, o amor é próprio do espírito, uma vez que simpatia é sentir respeito pelo outro como a pessoa sente por

si mesma; abnegação é o reconhecimento do clamor do outro como próprio; e dar é o requisito da vida espiritual. Assim, o amor pertence ao espírito, ao aspecto vital do universo.

O ódio, por outro lado, se caracteriza em todas as suas manifestações pela antipatia, engrandecimento de si e desejo de receber. Esses são seus fatores essenciais nas modalidades de desprezo, injúria mútua ou medo, pois todas elas se subordinam à repulsa que afasta uns dos outros. Por isso, o ódio é próprio da matéria, enfatiza a multiplicidade e a diferenciação, é essencialmente separação e pertence ao aspecto formal do universo.

CAPÍTULO 3

A ABSORÇÃO DA VITALIDADE

O GLÓBULO DE VITALIDADE

EMBORA inconcebivelmente diminuto, o glóbulo de vitalidade é tão brilhante que mesmo quem não é clarividente no sentido comum o vê com certa frequência. Contemplando o horizonte distante, especialmente a partir do mar, muitas pessoas conseguem enxergar no céu centenas de pontos de luz minúsculos deslocando-se velozmente no ar. São os glóbulos de vitalidade, cada um constituído de sete átomos físicos primordiais, como mostra o item C da Figura 5 – as Vidas Ígneas, partículas carregadas com a energia que os hindus chamam de *prana*.

É quase sempre muito difícil discernir claramente o significado exato atribuído a esses termos sânscritos, porque o método hindu de abordagem desses estudos é muito diferente do nosso. Creio, porém, que podemos com segurança entender a palavra *prana* como equivalente do nosso termo "vitalidade".

Quando o glóbulo de vitalidade cintila na atmosfera, é de brilho quase incolor e reluz com uma luz branca ou levemente dourada. Mas assim que o vórtice do chakra esplênico o suga, porém, ele se decompõe e se divide em raios de cores diferentes, embora não siga exatamente o padrão do espectro solar. À medida que seus átomos giram em torno do vórtice, cada um dos seis raios captura os átomos de uma cor, de modo que todos os átomos carregados com amarelo fluem ao longo de um raio, e todos aqueles carregados com verde ao longo de outro, assim sucessivamente. O sétimo raio, por sua vez, é absorvido pelo centro do vórtice, o cubo da roda, por assim dizer. Esses raios então seguem direções diferentes, cada um realizando uma função específica na vitalização do corpo. A Lâmina 8 oferece uma representação diagramática dessas direções do *prana* difuso.

Como eu disse, as cores das divisões do *prana não são exatamente as* mesmas do espectro solar, mas se assemelham ao arranjo de cores que vemos nos níveis mais elevados, nos corpos causal, mental e astral. O que chamamos de índigo divide-se entre o raio violeta e o raio azul, de modo que temos aqui apenas duas divisões em vez de três. Por outro lado, o que normalmente chamamos de vermelho divide-se em dois, vermelho-rosado e vermelho-escuro. Os seis radiantes são, portanto, violeta, azul, verde, amarelo, laranja e vermelho-escuro. O sétimo átomo, vermelho-rosado (mais propriamente o primeiro, por ser o átomo original em que a energia se manifestou inicialmente), desce pelo centro do vórtice.

A vitalidade, portanto, é claramente de constituição sétupla, mas flui pelo corpo em cinco correntes principais, como afirmam alguns tratados hindus, visto que, depois de sair do chakra esplênico, o azul e o violeta formam um único raio, e o laranja e o vermelho-escuro, outro (Lâmina 2).

OS RAIOS

RAIO AZUL-VIOLETA

1. O raio azul-violeta brilha para cima, para a garganta, onde parece se dividir: o azul-claro continua seu percurso e estimula o chakra laríngeo, e o azul-escuro e o violeta seguem para o cérebro. O azul-escuro desaparece nas partes inferior e central do cérebro. O violeta preenche a parte superior e parece impregnar com um vigor especial o chakra coronário, difundindo-se principalmente pelas 960 pétalas da parte externa desse centro.

RAIO AMARELO

2. O raio amarelo se direciona para o coração, mas, depois de realizar sua tarefa nesse centro, segue dali para o

cérebro e o preenche, dirigindo-se principalmente para a flor de doze pétalas no centro do chakra coronário.

RAIO VERDE

3. O raio verde ocupa o abdômen, concentrando-se especialmente no plexo solar. Vivifica o fígado, os rins, os intestinos e o aparelho digestório em geral.

RAIO ROSA

4. O raio rosa circula por todo o corpo ao longo dos nervos, sendo claramente a vitalidade do sistema nervoso. Esta é a vitalidade desenvolvida que pode ser facilmente infundida nas pessoas que sofrem com a falta dela. Se os nervos não receberem essa luz rosada na devida medida, tornam-se sensíveis e intensamente irritáveis, quase impossibilitando o paciente de permanecer na mesma posição e pouco resolvendo se passar para outra. O menor ruído ou toque o atormenta, deixando-o em estado lastimável. Mas, se uma pessoa saudável insuflar *prana* vitalizado em seus nervos, o alívio será imediato e o paciente se sentirá confortado e recuperado.

Uma pessoa saudável e vigorosa em geral absorve e desenvolve uma quantidade muito maior dessa vitalidade do que realmente necessita, por isso irradia continuamente uma torrente de átomos cor-de-rosa. Desse modo, transfere inconscientemente energia para seus semelhantes mais fracos, sem nada perder.

Além disso, por um esforço de vontade, pode reunir essa energia supérflua e direcioná-la intencionalmente para ajudar alguém.

O corpo físico tem certa consciência instintiva cega própria que às vezes chamamos de elemental físico. No mundo físico, essa consciência corresponde ao elemental do desejo do corpo astral e procura sempre proteger esse corpo do perigo ou supri-lo do que for necessário. Ela é totalmente distinta da consciência do homem e opera igualmente bem quando o ego está ausente do corpo físico durante o sono. A esse elemental físico ou consciência instintiva devem atribuir-se todos os nossos movimentos instintivos. Além disso, é sua atividade que mantém o sistema simpático em funcionamento incessante sem que precisemos pensar nele ou percebê-lo.

Enquanto nos encontramos no que se chama de estado de vigília, o elemental físico está continuamente envolvido com a própria defesa. Está em constante vigilância e com os nervos e músculos sempre tensos. Durante a noite ou nos momentos em que dormimos, ele solta e relaxa os nervos e músculos e se ocupa especialmente em assimilar a vitalidade e recuperar o corpo físico. Sua eficácia nessa tarefa é maior na primeira metade da noite, quando a vitalidade é abundante, ao passo que, logo antes do amanhecer, a vitalidade restante produzida pelo sol ao longo do dia está praticamente esgotada. Daí a sensação de moleza e apatia associada às horas da madrugada. Aí está também o motivo da frequência com que pessoas doentes morrem nesse período. A mesma ideia está presente no antigo provérbio de que uma hora de sono antes da meia-noite equivale a duas depois desse horário.

A ação desse elemental físico explica a forte influência restauradora do sono, possível de se sentir mesmo após um simples e breve cochilo.

Essa vitalidade é sem dúvida o alimento do duplo etérico, tão necessária a ele quanto o sustento material é essencial para o componente mais denso do corpo físico. Assim, quando, por qualquer razão (doença, fadiga ou idade avançada), o chakra esplênico não consegue preparar o alimento para as células do corpo, esse elemental físico se empenha em sugar para seu próprio uso a vitalidade já preparada em outros corpos. Essa é uma ocorrência frequente quando nos sentimos fracos e cansados depois de ficar algum tempo com uma pessoa com pouca ou nenhuma vitalidade, porque ela sugou nossos átomos cor-de-rosa antes que conseguíssemos extrair a energia deles.

O reino vegetal também absorve essa vitalidade, mas, na maioria dos casos, parece utilizar apenas pequena parte dela. Muitas árvores extraem dessa vitalidade quase exatamente os mesmos constituintes que a parte superior do corpo etérico do homem, com o resultado de que, depois de usar o que precisam, os átomos que expelem são exatamente os carregados com a luz rosa que é necessária para as células do corpo físico do homem.

Esse é especialmente o caso de árvores como o pinheiro e o eucalipto, e consequentemente o simples fato de estar perto dessas árvores gera saúde e força para aqueles que sofrem com a falta dessa parte do princípio vital – aqueles que denominamos pessoas nervosas. Esse nervosismo ocorre porque as células delas estão famintas, e esse sentimento só pode ser abrandado alimentando-as. Muitas vezes, a maneira mais rápida de fazer isso é supri-las externamente com o tipo especial de vitalidade de que necessitam.

RAIO VERMELHO-ALARANJADO

5. O raio vermelho-alaranjado flui para a base da coluna e de lá para os órgãos reprodutivos, com os quais uma parte de suas funções está intimamente ligada. Esse raio parece incluir o laranja e os vermelhos mais escuros e também certa quantidade de roxo escuro, como se o espectro formasse um círculo e as cores recomeçassem numa oitava mais baixa.

No indivíduo comum, esse raio energiza os desejos carnais e também parece entrar no sangue e ajudar a manter o calor do corpo. Mas, se a pessoa se recusa persistentemente a ceder à sua natureza inferior, esse raio, por meio de longos e determinados esforços, pode desviar-se para o cérebro, onde seus três constituintes sofrem uma modificação apreciável. O laranja passa a amarelo puro e intensifica as faculdades intelectuais; o vermelho-escuro se torna carmesim e aumenta muito os afetos altruístas; e o roxo-escuro transmuta-se num belo violeta pálido, impulsionando a dimensão espiritual da natureza humana.

Cores dos Pranas	Chakras Relacionados	Cores em *A Doutrina Secreta*	Princípios Representados
Azul-claro	Laríngeo	Azul	Atma (invólucro áurico)
Amarelo	Cardíaco	Amarelo	Buddhi
Azul-escuro	Frontal	Índigo ou azul-escuro	Manas superior
Verde	Umbilical	Verde	Kama manas - mente inferior
Rosa	Esplênico	Vermelho	Kama rupa
Violeta	Coronário	Violeta	Duplo etérico
Vermelho-alaranjado (com outro violeta)	Raiz (depois Coronário)	-	-

TABELA 3 – PRANA E OS PRINCÍPIOS.

A pessoa que experiencia essa transmutação perceberá que os desejos sensuais não a perturbam mais, e, quando for necessário despertar as camadas superiores do fogo serpentino, estará livre dos perigos mais sérios desse processo. Quando a pessoa finalmente conclui essa mudança, o raio vermelho-alaranjado flui diretamente para o chakra na base da coluna e daí sobe ao longo da medula espinhal até o cérebro.

Parece haver certa correspondência (Tabela 3) entre as cores das correntes do fluxo de *prana* para os vários chakras e as cores que Madame Blavatsky atribui aos princípios do homem em seu diagrama na obra *A Doutrina Secreta*.[16]

16. Blavatsky, Helena P. *A Doutrina Secreta*. São Paulo: Pensamento, 1994, Vol. VI, p. 117.

OS CINCO *VAYUS* PRÂNICOS

Os livros hindus mencionam com frequência os cinco principais *Vayus* ou *pranas*. O *Gheranda Samhita* assinala brevemente suas posições da seguinte forma:

> O *prana* move-se sempre no coração; o *apana* na esfera do ânus; o *samana* na região do umbigo; o *udana* na garganta e o *vyana* encontra-se em todo o corpo.[17]

Vários livros oferecem a mesma descrição, mas nada dizem sobre suas funções; outros acrescentam alguma informação a mais, como:

> O ar chamado *vyana* leva a parte essencial para todos os nervos. Esse ar divide o alimento ingerido em dois. Entrando perto do ânus, separa as porções sólidas das líquidas; posta a água sobre o fogo e o sólido sobre a água, o *prana*, estando debaixo do fogo, inflama-o lentamente. O fogo, inflamado pelo ar, separa a substância dos resíduos. O ar *vyana* difunde a essência por todas as partes, e os resíduos, forçados através dos doze portais, são eliminados do corpo.[18]

---

17. *Op. cit.*, versículos 61-2. *Sacred Books of the Hindus Series*. Trans. Sris Chandra Vidyarnava.
18. *Garuda Purana*, XV, 10-3. *Sacred Books of the Hindus Series*. Trans. Wood.

Os cinco ares assim descritos parecem concordar bastante bem com as cinco divisões de vitalidade que observamos, conforme mostra a Tabela 4.

Prana Vayu e Região Afetada	Raio da Vitalidade	Chakra Particularmente Afetado
Prana; coração	Amarelo	Cardíaco
Apana; ânus	Vermelho-alaranjado	Básico
Samana; umbigo	Verde	Umbilical
Udana; garganta	Azul-violeta	Laríngeo
Vyana; todo o corpo	Rosa	Esplênico

TABELA 4 – OS CINCO *VAYUS* PRÂNICOS.

VITALIDADE E SAÚDE

O fluxo vital nessas várias correntes regula a saúde das partes do corpo por onde passa. Se uma pessoa sofre de problemas digestivos, estes serão imediatamente percebidos por alguém que tenha visão etérica, seja porque o fluxo vital verde é lento ou porque é menor do que deveria ser.

Uma corrente amarela caudalosa indica, ou melhor dizendo, produz vigor e regularidade na ação do coração. Ao fluir em torno desse centro, ela também interpenetra o sangue que passa por ele e com ele circula por todo o corpo. No entanto, resta dela quantidade suficiente para fluir também para o cérebro. Tudo indica que a força do pensamento filosófico e metafísico elevado depende em grande medida do volume e atividade dessa corrente amarela e do correspondente despertar da flor de doze pétalas no centro do chakra coronário.

Pensamentos e emoções de natureza espiritual elevada parecem depender em grande parte do raio violeta, enquanto a força do pensamento comum é estimulada pela ação do azul mesclado com parte do amarelo. Em algumas formas de idiotia, os fluxos para o cérebro tanto da vitalidade amarela quanto da azul-violeta são quase totalmente inibidos. Atividade ou volume consideráveis da vitalidade azul-clara destinada ao chakra laríngeo levam saúde e vigor aos órgãos físicos nessa região do corpo. Ela fortalece e reforça a elasticidade das cordas vocais, tornando imediatamente perceptíveis o especial brilho e atividade presentes na voz de um orador ou de um grande cantor.

Fraqueza ou doença em qualquer parte do corpo revelam deficiência na corrente da vitalidade para a parte afetada.

O DESTINO DOS ÁTOMOS VAZIOS

À medida que as várias correntes de átomos cumprem sua função, sua carga de vitalidade vai se reduzindo, à semelhança do que ocorre com um acumulador elétrico. Os átomos que transportam o raio cor-de-rosa perdem aos poucos seu colorido ao passar pelos nervos, até serem eliminados do corpo pelos poros, formando assim o que chamamos em *O Homem Visível e Invisível* de "aura da saúde".

Ao saírem do corpo, praticamente todos os átomos perdem sua cor rosada e assumem uma aparência branco-azulada. A parte do raio amarelo absorvida e transportada pelo sangue perde sua cor característica da mesma maneira.

Descarregados assim da sua carga de vitalidade, os átomos passam a integrar alguma das combinações que se formam constantemente no corpo ou então saem pelos poros ou pelos canais normais. Os átomos esvaziados do raio verde, associado principalmente aos processos digestivos, parecem fazer parte dos resíduos do corpo e ser expelidos com eles. Esse é também o destino dos átomos do raio vermelho-alaranjado no caso do homem comum. Os átomos dos raios azuis, correspondentes ao chakra laríngeo, em geral são eliminados do corpo com a exalação da respiração. Os que constituem os raios azul-escuro e violeta geralmente saem pelo chakra coronário.

Quando o estudante aprende a desviar os raios vermelho-alaranjados para que também ascendam pela coluna, os átomos vazios desses dois e dos raios azuis-violeta se esvaem pelo chakra coronário em forma de cascata ígnea, que, como já vimos na Figura 2, é com frequência representada como chama em estátuas antigas do Senhor Buda e de outros grandes santos. Esses átomos voltam a ser utilizados como veículos físicos de algumas energias radiantes e benéficas que homens muito evoluídos irradiam do chakra coronário.

Depois de terem descarregado a energia vital, os átomos voltam a ser como qualquer átomo comum, com a única diferença de que evoluíram um pouco como resultado da função que exerceram. O corpo absorve deles o que precisa, e assim passam a fazer parte das várias combinações que estão sempre se formando. Os que não são necessários para tais propósitos são eliminados pelo canal mais conveniente.

O fluxo de vitalidade para ou através de um chakra, ou mesmo sua intensificação, não deve ser confundido com algo completamente diferente, que é o desenvolvimento do chakra promovido pelo despertar dos níveis superiores do fogo serpentino num estágio posterior da evolução da pessoa. Abordaremos esse assunto no próximo capítulo. Todos nós absorvemos e desenvolvemos a vitalidade, mas muitos não a utilizam plenamente, porque, sob vários pontos de vista, nossa vida não é tão pura, saudável e sensata quanto deveria ser.

Quem corrompe o corpo com a ingestão de carne, álcool ou fumo não consegue aproveitar sua vitalidade ao máximo do mesmo modo que o faz uma pessoa de hábitos saudáveis. Um indivíduo de vida desregrada pode ser, e com frequência é, mais forte fisicamente do que outros mais cuidadosos e disciplinados. Essa é uma questão relacionada ao karma individual, mas, em igualdade de condições, uma pessoa de vida salutar em todos os sentidos goza de maior bem-estar e paz de espírito.

Todas as cores da vitalidade são etéricas, mas veremos que sua ação apresenta certas correspondências com o significado associado a matizes análogos no corpo astral. Sem dúvida, pensamentos e sentimentos corretos influenciam o corpo físico e aumentam seu poder de assimilação da vitalidade necessária para seu bem-estar. Consta que o Senhor Buda disse certa vez que o primeiro passo no caminho para o Nirvana é a saúde física perfeita. Com absoluta segurança, o meio para alcançar esse objetivo é viver segundo o Nobre Caminho Óctuplo que ele recomendou. Sentido equivalente encontramos no evangelho de Mateus 6,33, "Buscai, em primeiro lugar, o Reino de Deus e a sua justiça, e todas essas coisas vos serão acrescentadas", o que inclui a saúde física.

VITALIDADE E MAGNETISMO

A vitalidade que circula pelos nervos não deve ser confundida com o que normalmente chamamos de magnetismo humano – seu fluido nervoso, desenvolvido na medula espinhal e composto da energia vital primária combinada com a *kundalini*. Esse fluido mantém a circulação constante da matéria etérica ao longo dos nervos, correspondendo à circulação do sangue nas artérias e veias. Do mesmo modo que o sangue transporta o oxigênio a todas as partes do corpo, assim também essa corrente etérica leva a vitalidade ao longo dos nervos.

As partículas da parte etérica do corpo humano mudam constantemente, assim como as da parte mais densa. Com o alimento que ingerimos e o ar que respiramos, absorvemos matéria etérica, e esta é assimilada pela parte etérica. As matérias etérica e gasosa são continuamente eliminadas pelos poros, e assim, quando duas pessoas estão próximas, cada uma absorve necessariamente grande quantidade das emanações físicas da outra.

Ao hipnotizar uma pessoa, o hipnotizador, por um esforço da vontade, acumula grande quantidade desse magnetismo e o projeta no indivíduo, extraindo o fluido nervoso do paciente e preenchendo o vazio com seu próprio fluido.

Como o cérebro é o centro dessa circulação nervosa, esse processo de substituição põe a parte afetada da pessoa sob o controle do cérebro do hipnotizador, fazendo com que ela sinta o que ele quer que ela sinta. Se o cérebro do paciente for esvaziado do seu próprio magnetismo e preenchido com o do hipnotizador, este pode dominar aquele de modo que só pense e faça o que lhe for sugerido, pois o tem momentaneamente sob seu total domínio.

Mesmo quando o hipnotizador tem intenção de curar e irradia sua energia, é inevitável que, com a vitalidade, projete boa parte das próprias emanações. Assim, considerando que o hipnotizador tenha alguma enfermidade, sem dúvida poderá facilmente contagiar o indivíduo. Outra consideração ainda mais importante é que, mesmo que a saúde do hipnotizador seja perfeita do ponto de vista médico, além das doenças físicas existem os males mentais e morais. Assim, do mesmo modo que o hipnotizador projeta na pessoa a matéria astral e mental com a corrente física, estes também são frequentemente transferidos.

No entanto, um indivíduo de pensamentos retos e animado do desejo sincero de ajudar seus semelhantes pode servir-se do magnetismo para aliviar o sofrimento, caso se dedique a estudar esse assunto das correntes que entram no corpo pelos chakras e fluem ao longo dos nervos.

O que o magnetizador insufla na pessoa que o procura? Pode ser o éter nervoso, a vitalidade, ou ambos.

Supondo que um paciente esteja muito debilitado ou esgotado, a ponto de ser incapaz de desenvolver o fluido vital para si mesmo, o magnetizador pode reabastecê-lo insuflando uma porção do seu próprio fluido nos nervos trêmulos, promovendo assim uma recuperação rápida.

O processo é análogo ao que em geral se faz no caso do alimento. Quando alguém chega a um estágio avançado de fraqueza, o estômago perde a capacidade de digerir, o corpo não consegue se nutrir e a consequência é o esgotamento quase total. O remédio para esses casos é dar ao estômago alimentos já parcialmente digeridos por meio da pepsina ou de outras preparações semelhantes. Estes têm maior probabilidade de serem assimilados, o que colabora para que a pessoa recupere suas forças.

Da mesma maneira, o indivíduo incapaz de desenvolver o fluido vital para si mesmo ainda pode absorver o que já foi preparado por outro e, assim, ganhar força para recuperar o funcionamento normal dos órgãos etéricos. Isso é tudo o que se faz necessário em muitos casos de debilidade.

Pode ocorrer que algum tipo de congestão impeça a circulação normal do fluido vital e a aura nervosa se torne lenta e enferma. O procedimento habitual a seguir é substituir esse fluido por um éter nervoso externo saudável, o que pode ser feito de várias maneiras. Alguns magnetizadores simplesmente empregam força bruta e insuflam energicamente seu próprio éter na esperança de eliminar o que precisa ser expurgado. É possível obter êxito desse modo, mas à custa de um consumo muito maior de energia do que o necessário.

Um processo mais científico consiste em trabalhar de forma mais gradual, eliminando primeiro a matéria congestionada ou doentia e, em seguida, substituindo-a, por um éter nervoso mais saudável, estimulando assim aos poucos a atividade da corrente lenta. Se o paciente tem dor de cabeça, por exemplo, quase certamente estará ocorrendo uma congestão de matéria etérica nociva em alguma parte do cérebro, e a primeira providência a tomar, então, é eliminá-lo.

Como fazer isso? Da mesma maneira como é feita a emissão da energia magnética: por um ato da vontade. Não devemos esquecer que essas subdivisões mais sutis da matéria são facilmente moldadas ou afetadas pela ação da vontade humana. Por mais passes que o magnetizador aplique, em termos comparativos esses serão tão somente o apontar da sua arma em certa direção, ao passo que sua vontade é a pólvora que dispara a bala e produz o resultado desejado, ou seja, a emissão do fluido.

O magnetizador que conhece seu ofício pode obter o mesmo resultado sem passes, se quiser. Conheci um que nunca os usava; ele simplesmente olhava para a pessoa. A mão tem como função única concentrar o fluido e, talvez, auxiliar a imaginação do magnetizador, pois, para querer intensamente, ele precisa acreditar intensamente, e a ação, sem dúvida, facilita-lhe perceber o que está fazendo.

Assim como um magnetizador tem a capacidade de irradiar magnetismo por um esforço da vontade, também tem condições de removê-lo do mesmo modo, caso em que também pode recorrer ao auxílio das mãos.

Ao tratar uma dor de cabeça, por exemplo, provavelmente colocará as mãos sobre a testa do paciente, visualizando-as como esponjas absorvendo o magnetismo deletério do cérebro. Por certo logo perceberá que está realmente produzindo o resultado que imagina, pois, a menos que tome precauções para repelir o mau magnetismo que absorve, ele próprio sentirá a dor de cabeça ou começará a sentir dor no braço e na mão com que realiza a operação. Ele de fato atrai a matéria deletéria e, em nome de sua tranquilidade e bem-estar, precisa se livrar dela antes que se aloje de modo permanente em seu corpo.

Portanto, o magnetizador deve adotar alguma técnica para não ficar afetado por essa matéria, e a mais simples é apenas desfazer-se dela sacudindo as mãos como se faz para secá-las na falta de uma toalha. Embora não seja possível vê-la, a matéria eliminada é física, o que permite lidar com ela por meios físicos. Assim, é necessário que ele não negligencie essas precauções e que não esqueça de lavar as mãos cuidadosamente após tratar uma dor de cabeça ou qualquer doença dessa natureza.

Uma vez eliminada a causa da enfermidade, o magnetizador passa a irradiar um forte magnetismo saudável em substituição à matéria doentia, o que protege o paciente da recorrência da doença. Podemos ver que, no caso de qualquer afecção nervosa, esse método oferece muitas vantagens. Na maioria das vezes, o problema está na irregularidade dos fluidos que correm ao longo dos nervos: eles podem estar congestionados ou lentos em seu fluxo, ou então muito rápidos, em quantidade insuficiente ou de qualidade inferior.

Se administrarmos drogas de qualquer espécie, na melhor das hipóteses podemos agir apenas sobre o nervo físico e, por meio deste, até certo ponto, sobre os fluidos em torno dele, enquanto o magnetismo age diretamente sobre os próprios fluidos e, portanto, vai diretamente à raiz do mal.

CAPÍTULO 4

DESENVOLVIMENTO DOS CHAKRAS

FUNÇÕES DOS CHAKRAS DESPERTOS

ALÉM de manter vivo o veículo físico, os chakras cumprem outra função, que só exercem quando estão despertos e ativos em sua plena capacidade. Cada chakra etérico corresponde a um centro astral. No entanto, como o centro astral é um vórtice de quatro dimensões, sua extensão segue uma direção bem diferente daquela do chakra etérico, por isso nem sempre coincide com ele, com exceção de uma ou outra parte. O vórtice etérico está sempre na superfície do corpo etérico, ao passo que o chakra astral se situa com mais frequência no interior do corpo astral.

Quando totalmente desperto, a função de cada chakra etérico é transferir todas as qualidades inerentes ao chakra astral correspondente para a consciência física. Assim, antes de relacionar os resultados decorrentes do estímulo dos chakras etéricos à atividade, convém considerar a função de cada chakra astral, embora estes já estejam em plena atividade em todas as pessoas cultas dos povos mais evoluídos. Que efeito, então, a estimulação dos chakras astrais produz no corpo astral?

OS CHAKRAS ASTRAIS

O primeiro chakra astral, como já explicamos, é a sede do fogo serpentino. Essa energia existe em todos os planos e sua atividade desperta todos os outros chakras.

Originalmente, o corpo astral era uma massa quase inerte, sem nada além de uma consciência vaga, sem capacidade definida de atuação e sem nenhum conhecimento claro do mundo ao seu redor. A primeira ocorrência, então, foi o despertar dessa energia no nível astral do homem. Depois de despertada, ela passou para o segundo chakra, correspondente ao baço físico, vitalizando por meio dele todo o corpo astral, capacitando assim a pessoa a viajar conscientemente, embora ainda com uma ideia muito vaga do que encontrava em suas jornadas.

Em seguida, ela passou para o terceiro chakra, umbilical, e o vivificou, despertando assim a sensibilidade no corpo astral – a capacidade de sentir todas as variedades de influências, embora ainda sem nada semelhante às impressões claras percebidas pela visão ou pela audição.

O despertar do quarto chakra, cardíaco, capacitou o homem a compreender e simpatizar com as vibrações de outras entidades astrais para ter condições de entender instintivamente parte dos seus sentimentos.

A ativação do quinto chakra, laríngeo, conferiu ao homem a capacidade de ouvir no plano astral, isto é, promoveu o desenvolvimento do sentido que, no mundo astral, produz em nossa consciência o efeito que, no plano físico, chamamos de audição.

O desenvolvimento do sexto chakra, frontal, produziu analogamente a visão astral, ou a capacidade de perceber clara e distintamente a forma e a natureza dos objetos astrais, em vez de sentir vagamente sua presença.

O despertar do sétimo chakra astral, correspondente ao coronário, encerrou e completou a vida astral do homem e aperfeiçoou suas faculdades.

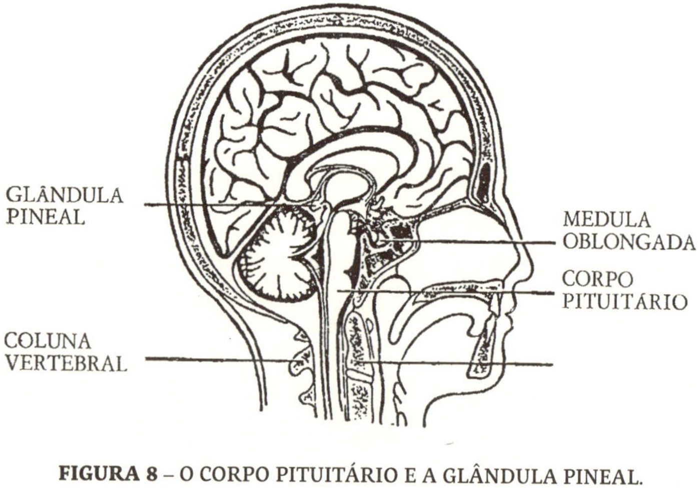

FIGURA 8 – O CORPO PITUITÁRIO E A GLÂNDULA PINEAL.

Com relação a este sétimo chakra, parece haver certa diferença segundo a categoria a que os indivíduos pertencem. Para muitos, os vórtices astrais correspondentes ao sexto e sétimo centros convergem para o corpo pituitário, sendo este (Figura 8) praticamente o único elo direto entre os planos físico e superior.

Outras pessoas, no entanto, embora ainda mantendo o elo entre o sexto chakra e o corpo pituitário, curvam ou inclinam o sétimo até seu vórtice coincidir com o órgão atrofiado chamado glândula pineal (Figura 8), que essas pessoas vivificam e transformam numa linha de comunicação direta com o mental inferior, aparentemente sem passar pelo plano astral intermediário da maneira comum. Era para essas pessoas que Madame Blavatsky escrevia enfatizando o despertar desse órgão. A dra. Besant também menciona o fato de que o ponto de partida do desenvolvimento começa em diferentes níveis a depender da pessoa. Na seguinte passagem de *Um Estudo sobre a Consciência*, ela afirma:

> A construção dos centros e sua organização gradual em rodas pode começar em qualquer veículo. Em cada indivíduo começará no veículo correspondente ao tipo especial de seu temperamento. É o tipo de temperamento que determina o lugar onde se desenvolverá a maior parte da atividade na construção dos veículos e sua transformação gradual em instrumentos eficazes da consciência que vai se manifestar no plano físico. Esse centro de atividade

> pode se localizar no corpo físico, astral, mental inferior ou superior. Em todos esses corpos, e mesmo em outros mais elevados, segundo o temperamento do indivíduo, encontraremos esse centro no princípio que caracteriza o temperamento e, a partir dele, o centro agirá "para cima" ou "para baixo", moldando os veículos de modo a torná-los adequados a manifestar as características desse temperamento.[19]

SENTIDOS ASTRAIS

Assim, até certo ponto, esses chakras tomam o lugar dos órgãos sensoriais do corpo astral. Todavia, sem qualificação adequada, essa expressão seria decididamente enganosa, pois não devemos esquecer que, para sermos claros, embora tenhamos de falar constantemente de visão astral ou de audição astral, tudo o que realmente queremos dizer com essas expressões é a faculdade de responder a tais vibrações que transmitem à consciência do homem, quando ele funciona em seu corpo astral, informações do mesmo caráter daquelas a ele transmitidas por seus olhos e ouvidos enquanto está no corpo físico.

Mas nas condições astrais, que são inteiramente diferentes, não são necessários órgãos desenvolvidos para obter esse resultado, pois cada parte do

19. Annie Besant. *Um Estudo sobre a Consciência.* São Paulo: Pensamento, 1988 (fora de catálogo).

corpo astral contém matéria capaz de dar essa resposta. Consequentemente, o indivíduo que opera nesse veículo vê igualmente bem os objetos que estão atrás, acima e abaixo dele, sem precisar mover a cabeça para isso.

Os chakras, portanto, não podem ser descritos como órgãos no sentido comum da palavra, visto que não é por meio deles que o homem vê ou ouve como essas coisas se dão no caso dos olhos e dos ouvidos. Entretanto, é do despertar desses chakras que depende a capacidade de utilizar esses sentidos astrais, conforme o desenvolvimento de cada um deles para capacitar todo o corpo astral a responder a um novo conjunto de vibrações.

Como todas as partículas do corpo astral fluem e giram constantemente à semelhança da água em ebulição, todas passam por todos os chakras ou vórtices, de modo que cada chakra, por sua vez, evoca em todas as partículas do corpo a capacidade de receber certo conjunto de vibrações, e assim todos os sentidos astrais são igualmente ativos em todas as partes do corpo. Mas ainda que esses sentidos astrais estejam totalmente despertos, isso não significa necessariamente que o indivíduo seja capaz de transferir para seu corpo físico a consciência de suas ações.

O DESPERTAR DA KUNDALINI

Enquanto esse despertar astral acontecia, o homem em sua consciência física desconhecia todo o processo.

A única maneira de fazer o corpo denso participar desses benefícios é repetir esse processo de despertar com os chakras etéricos. Há várias maneiras de alcançar esse fim, que variam dependendo da escola de yoga que o aluno frequenta.

Sete escolas de yoga são reconhecidas na Índia: 1. Raja-Yoga; 2. Karma-Yoga; 3. Jnana-Yoga; 4. Hatha--Yoga; 5. Laya-Yoga; 6. Bhakti-Yoga; 7. Mantra-Yoga. Expliquei brevemente cada uma delas na segunda edição de *The Masters and the Path*[20] e o Professor Wood as descreveu integralmente em seu livro *Raja Yoga: The Occult Training of the Hindus* [Raja Yoga – O Treinamento Oculto dos Hindus]. Todas aceitam a existência e a importância dos chakras, mas cada uma tem métodos próprios para desenvolvê-los. O objetivo do yogue da escola Raja-Yoga é meditar sobre cada chakra e despertá-los pela aplicação da pura força de vontade – um método muito recomendável. A escola que mais se dedica aos chakras é a do Laya-Yoga, cujo sistema consiste em despertar as potencialidades superiores do fogo serpentino e impeli-lo a ascender passando através de cada um dos centros.

Esse despertar exige um esforço determinado e prolongado da vontade, pois induzir o primeiro centro, o chakra raiz, à sua plena atividade é precisamente despertar as camadas internas do fogo serpentino. Uma vez despertado, sua tremenda energia vivifica todos os

---

20. *Os Mestres e a Senda*. São Paulo: Pensamento, 1977 (fora de catálogo).

outros centros. Seu efeito sobre as demais rodas etéricas é introduzir na consciência física as faculdades despertadas pelo desenvolvimento dos seus chakras astrais correspondentes.

O DESPERTAR DOS CHAKRAS ETÉRICOS

Com o despertar do segundo centro etérico, ligado ao baço, a pessoa tem condições de se lembrar das suas viagens astrais, embora às vezes de modo vago e muito parcial. Uma estimulação leve e acidental desse centro pode trazer lembranças de uma sensação de encantamento ao voar pelos ares.

Quando o terceiro centro, o umbilical, entra em atividade, a pessoa, em seu corpo físico, começa a tomar consciência das múltiplas influências astrais, sentindo vagamente que algumas delas são amigáveis e outras hostis, ou que alguns lugares são agradáveis e outros desagradáveis, sem nem sequer saber a razão para tanto.

Com a estimulação do quarto centro, o cardíaco, a pessoa começa a compreender instintivamente as alegrias e tristezas do próximo, e às vezes inclusive reproduzindo em si mesma, por simpatia, as dores e sofrimentos físicos alheios.

O despertar do quinto centro, o laríngeo, possibilita à pessoa ouvir vozes, as quais às vezes lhe apresentam sugestões as mais variadas. Ela pode também ouvir música e talvez sons desagradáveis. Quando plenamente ativo, esse centro desenvolve na pessoa a capacidade da clariaudiência no que diz respeito aos planos etérico e astral.

Com a ativação do sexto chakra, o frontal, entre as sobrancelhas, a pessoa começa a ver coisas, a ter visões variadas, às vezes de lugares, às vezes de pessoas. Quando esse centro está começando a despertar, no estágio inicial do seu desenvolvimento, essas visões são parciais e em geral limitadas a paisagens e nuvens coloridas. Seu despertar pleno favorece a pessoa com a capacidade da clarividência.

O chakra frontal tem ainda outra relação com a visão. É por meio dele que se manifesta a capacidade de ampliar objetos físicos diminutos. Do seu centro projeta-se um pequeno tubo flexível de matéria etérica, semelhante a uma serpente microscópica com algo como um olho numa das extremidades. Esse órgão é peculiar dessa modalidade de clarividência e pode dilatar-se ou contrair-se de acordo com o tamanho do objeto examinado. É a isso que os livros antigos se referem quando mencionam a capacidade de alguém de aumentar ou diminuir seu tamanho à vontade. Para examinar um átomo, desenvolve-se um órgão de visão de tamanho equivalente ao do átomo. A pequena serpente que se projeta do centro desse chakra estava simbolizada no toucado que adornava a cabeça dos faraós do Egito, pois a eles, como sumos sacerdotes do seu país, atribuía-se essa capacidade, entre muitos outros poderes ocultos.

Quando o sétimo centro, o coronário, está plenamente desperto, a pessoa é capaz de passar por ele, saindo do corpo plenamente consciente e também retornando sem nenhuma interrupção, permanecendo consciente dia e noite. Após o fogo serpentino passar por todos esses centros numa ordem variável conforme o tipo de pessoa, a consciência permanece contínua até a entrada no mundo celestial ao término da vida no plano astral, não havendo nenhuma diferença entre a separação temporária do corpo físico durante o sono e a separação definitiva da morte.

CLARIVIDÊNCIA EVENTUAL

Antes disso, porém, a pessoa pode ter muitos vislumbres do mundo astral, pois vibrações de grande intensidade podem induzir um ou outro chakra à atividade temporária a qualquer momento, sem despertar o fogo serpentino. É possível também que o fogo serpentino seja despertado parcialmente, podendo então ocorrer uma clarividência espasmódica momentânea. Pois, como dissemos, esse fogo se manifesta em sete camadas ou graus de energia, e com frequência acontece que uma pessoa que aplica sua vontade no esforço de despertá-lo pode alcançar seu objetivo apenas em uma camada. Então, pensando ter concluído sua tarefa, pode constatar que não obteve os resultados esperados e talvez tenha de refazer tudo muitas vezes, aprofundando-se cada vez mais até que tanto a superfície seja estimulada quanto o próprio núcleo do fogo serpentino seja plenamente ativado.

O PERIGO DO DESPERTAR PREMATURO

Esse "ígneo poder", como é chamado em *A Voz do Silêncio*, é na verdade como fogo líquido que circula pelo corpo quando ativado pela vontade. Seu curso é espiralado, como as espirais de uma serpente. Em seu estado desperto, pode ser chamado de Mãe do Mundo, em sentido diferente do já mencionado, porque vivifica os nossos diversos veículos para que os mundos superiores possam se abrir para nós em sucessão.

Na pessoa comum, ele permanece na base da coluna durante toda a vida, adormecido, sem que haja consciência da sua presença. Na verdade, é bem melhor que assim continue até que a pessoa consiga de fato se desenvolver moralmente, até que sua vontade seja suficientemente forte para controlá-lo e seus pensamentos suficientemente puros para capacitá-lo a enfrentar o despertar desse fogo ígneo sem danos e aborrecimentos. Ninguém deve tentar despertá-lo sem instruções claras de um orientador que conheça o processo em profundidade, pois os perigos relacionados a isso são muito reais e graves. Alguns são puramente físicos. Seu movimento descontrolado quase sempre causa dores físicas intensas, podendo facilmente dilacerar tecidos e mesmo destruir a vida física. Esse, no entanto, é o menor dos males, pois um despertar precoce do fogo serpentino pode infligir traumatismos permanentes a veículos superiores ao físico.

Um efeito muito comum é que o fogo pode deslocar-se para baixo em vez de fluir para cima, excitando assim as paixões mais indesejáveis – excita-as e intensifica seus efeitos a ponto de impossibilitar ao indivíduo resistir-lhes, pois diante de tamanha força ativada ele é tão indefeso quanto um nadador diante das mandíbulas de um tubarão. Tais indivíduos se tornam sátiros, monstros de depravação, por estarem em poder de uma força totalmente desproporcional em comparação com a capacidade humana comum de resistência. É possível que passem a ter certos poderes sobrenaturais, mas estes serão de tal natureza que os colocarão em contato com uma ordem inferior de evolução com a qual a humanidade não pretende se relacionar, e livrar-se de sua terrível servidão pode custar mais de uma encarnação.

Não estou de forma alguma exagerando o horror dessa situação, como poderia involuntariamente fazê-lo uma pessoa acostumada à boataria. Muitas pessoas atingidas por esse terrível destino já me consultaram, e vi com meus próprios olhos o que aconteceu com elas. Conheço uma escola de magia negra que utiliza intencionalmente esse poder para com ele ativar certo centro de força inferior que os seguidores da Boa Lei nunca usam dessa forma.

Alguns escritores negam a existência desse centro, mas brâmanes do sul da Índia me asseguram que alguns yogues ensinam seus alunos a usá-lo – embora, claro, não necessariamente com más intenções. Ainda assim, o risco é muito grande para valer a pena quando se pode alcançar os mesmos resultados de modo mais seguro.

Além deste, que é o maior dos seus perigos, a ativação prematura dos aspectos superiores da *kundalini* apresenta muitas outras possibilidades prejudiciais. Ela intensifica tudo na natureza humana e influencia mais decisivamente as qualidades baixas e maléficas do que as boas. No corpo mental, por exemplo, o despertar da ambição é muito rápido e logo chega a um grau de desordem incrível. Ela poderia intensificar o aprimoramento das capacidades intelectivas, mas ao mesmo tempo produziria um orgulho desmedido e diabólico, totalmente inconcebível para o homem comum. É insensatez um homem pensar que está preparado para lidar com qualquer energia que possa surgir dentro do seu corpo. Esta não é uma energia comum, mas algo irresistível. Sem a menor dúvida, ninguém que seja pouco instruído deve tentar despertá-la, e se alguém descobrir que algo a despertou por acaso, deve consultar imediatamente a pessoa que compreende e tem experiência com esses assuntos.

Abstenho-me intencionalmente de explicar como se deve despertar essa energia e, depois de despertá-la, como fazê-la passar pelos vários centros, *pois que de nenhum modo se deve tentar fazer isso, a não ser com orientação e acompanhamento de um Mestre durante os vários estágios do processo.*

Eu gostaria de alertar enfaticamente todos os estudantes no sentido de renunciarem a todo esforço para despertar essas forças tremendas, a menos que recebam instruções qualificadas, pois eu mesmo presenciei muitos casos dos terríveis efeitos decorrentes de interferências da intromissão ignorante e imprudente nesses assuntos tão sérios. A energia é uma realidade assustadora, um dos fenômenos básicos e primordiais da natureza. Com toda ênfase possível, deve-se afirmar que não é algo com que se possa brincar, não é um assunto a se abordar com leviandade, pois fazer experimentos com ela sem compreendê-la é muito mais perigoso do que seria para uma criança brincar com nitroglicerina. Como diz o *Hathayoga Pradipika*[21] em toda sua sabedoria, "Ela liberta o yogue e escraviza o insensato" (III, 107.).

Em questões como essas, os estudantes muitas vezes pensam que as leis da natureza abrirão uma exceção especial em seu caso, que alguma intervenção atípica da providência os salvará das consequências do seu desatino. Seguramente nada disso acontecerá, pois quem provoca arbitrariamente uma explosão, corre o sério risco de se tornar a primeira vítima dela. Muitos problemas e decepções seriam evitados se os estudantes

21. Manual de yoga escrito no século XV por Svātmārāma. É considerado a principal obra da tradição do Hatha Yoga indiano. (N. do E.)

entendessem que tudo quanto dizemos sobre ocultismo significa exata e literalmente o que dizemos e se aplica a todos os casos, sem exceção, pois não existe nada parecido com favoritismo no cumprimento das grandes leis do universo.

Todos querem tentar todos os experimentos possíveis. Todos estão convencidos de que estão preparados para receber os ensinamentos mais elevados e para toda espécie de desenvolvimento desejável. Ocorre, contudo, que ninguém está disposto a trabalhar pacientemente no aperfeiçoamento do próprio caráter e a dedicar tempo e energia para algo útil em serviço da sociedade, mas fica à espera de todas essas outras coisas até que chegue um Mestre e lhe anuncie que está preparado para elas. Como eu já afirmei no capítulo anterior a propósito de outro tema, o antigo aforismo continua verdadeiro: "Buscai, em primeiro lugar, o Reino de Deus e a sua justiça, e todas essas coisas vos serão acrescentadas".

O DESPERTAR ESPONTÂNEO DA KUNDALINI

Em alguns casos, as camadas internas desse fogo despertam espontaneamente, podendo-se então observar um brilho opaco. Ele pode inclusive começar a se movimentar por si mesmo, embora isso raramente ocorra. Quando isso acontece, pode causar grande dor, pois, como as passagens não estão preparadas, há necessidade de abrir caminho queimando grande quantidade de escória etérica, um processo que inevitavelmente acarreta sofrimento.

Quando a *kundalini* desperta espontaneamente, ou mesmo acidentalmente, em geral ela tenta subir pelo interior da coluna vertebral, seguindo o curso já tomado por sua manifestação mais baixa e branda. Sendo possível, a vontade deve entrar em ação para deter seu movimento ascendente, mas, se for impossível (o que é mais provável), não há motivo para se assustar. Ela provavelmente se projetará pela cabeça, dispersando-se na atmosfera, possivelmente sem causar maiores danos além de uma leve fraqueza. O pior que pode acontecer é uma perda temporária de consciência. Os perigos realmente pavorosos não têm relação com sua ascensão, mas com a possibilidade de se direcionar para baixo e para dentro.

A principal função dessa emanação com relação ao desenvolvimento oculto é que, ao passar pelos centros de energia no corpo etérico, anteriormente descrito acima, ela acelera esses chakras e os deixa totalmente livres como vias de acesso entre os corpos físico e astral. Lemos, em *A Voz do Silêncio*, que, quando o fogo serpentino chega ao chakra frontal e o vivifica plenamente, ele infunde a capacidade de ouvir a voz do Mestre, que nesse caso é a voz do Eu Superior. Essa afirmação se justifica pelo fato de que, quando o corpo pituitário opera ordenadamente, forma um elo perfeito com o veículo astral, e assim todas as comunicações interiores podem ser recebidas por intermédio dele.

Não se trata apenas desse chakra, porém. Todos os chakras superiores precisam ser despertados e cada um deve responder a todos os tipos de influências dos vários subplanos astrais. Esse desenvolvimento chegará a todos no devido tempo, mas a maioria das pessoas não pode concretizá-lo na atual encarnação, se esta for a primeira em que começaram a levar essas questões a sério. Alguns hindus podem ter êxito ao fazer isso, pois seus corpos são geneticamente mais adaptáveis do que grande parte dos outros, mas para a maioria trata-se realmente de todo um trabalho a ser feito em encarnações posteriores.

A conquista do fogo serpentino deve se repetir em cada encarnação, pois os veículos estão em constante renovação, mas, depois de obtida definitivamente, essas repetições serão mais fáceis. Deve-se lembrar que sua ação varia de acordo com cada pessoa; algumas, por exemplo, veem o Eu Superior em vez de ouvir sua voz. De novo, essa relação com o superior comporta muitos estágios; para a personalidade, significa a influência do ego, mas para o próprio ego significa o poder da Mônada, e para a Mônada, por sua vez, significa tornar-se uma expressão consciente do Logos.

EXPERIÊNCIA PESSOAL

Pode ser proveitosa uma referência à minha experiência pessoal nesse contexto. Durante os primeiros anos em que morei na Índia, não fiz nenhum esforço para despertar o fogo serpentino. Isso ocorreu porque eu tinha pouco conhecimento desse assunto e por estar convencido de que, para fazer alguma coisa com ele, era necessário nascer com um corpo psíquico especial, o que não era o meu caso. Certo dia, porém, um dos Mestres me sugeriu determinada modalidade de meditação que poderia evocar essa energia. Evidentemente, passei de imediato à prática, e com o passar do tempo fui bem-sucedido. Não tenho dúvidas, contudo, de que o Mestre observava o meu processo e teria me advertido caso houvesse algum perigo. Disseram-me que ascetas hindus ensinam esse procedimento a seus alunos, supervisionando-os atentamente enquanto o realizam. Pessoalmente, porém, não conheço nenhum deles, nem poderia confiar neles, a menos que fossem especialmente recomendados por alguém que eu soubesse possuir conhecimentos verdadeiros.

Sou abordado com frequência por pessoas que me pedem conselhos sobre o que fazer com relação ao despertar dessa energia. Sempre sugiro que façam exatamente o que eu mesmo fiz. Recomendo-lhes que se entreguem ao trabalho teosófico e esperem até receber orientações definitivas de um Mestre que se encarregue de supervisionar seu desenvolvimento psíquico, enquanto nesse meio-tempo continuam a praticar todos os exercícios comuns de meditação já conhecidos.

Não devem se importar em absoluto com a possibilidade da ocorrência ou não desse desenvolvimento nesta encarnação ou na próxima, e considerar o assunto do ponto de vista do ego, não da personalidade, tendo absoluta certeza de que os Mestres observam continuamente aqueles a quem podem ajudar, sendo totalmente impossível que alguém seja esquecido e que eles inquestionavelmente darão suas orientações quando o momento certo se apresentar.

Nunca ouvi dizer que haja limite de idade no que se refere ao desenvolvimento, e não vejo como a idade possa fazer alguma diferença, desde que se tenha boa saúde. Boa saúde é uma necessidade, porém, pois somente um corpo vigoroso pode suportar a tensão, muito mais intensa do que pode imaginar alguém que não tenha feito a tentativa.

Quando despertada, a energia da *kundalini* deve ser controlada com todo rigor e ser movimentada através dos chakras numa ordem que difere para cada pessoa. Além disso, para ser eficaz, esse movimento deve ser feito de uma maneira específica a ser explicada pelo Mestre no momento oportuno.

A REDE ETÉRICA

Já esclareci que os centros astral e etérico guardam grande semelhança entre si. Entre eles, porém, interpenetrando-os de uma maneira difícil de descrever, há um revestimento ou rede de textura inextricavelmente tecida, constituída de uma única camada de átomos físicos muito comprimidos e permeados por uma forma especial de energia vital.

A vida divina que normalmente desce do corpo astral ao físico adapta-se muito bem e passa pela rede com a maior facilidade, a qual, porém, constitui uma barreira intransponível para todas as outras energias – as que não conseguem utilizar a matéria atômica dos dois planos. Essa rede é a proteção providenciada pela natureza para evitar uma abertura prematura de comunicação entre os planos, uma ocorrência que só poderia levar a muitos danos.

É essa rede que, em condições normais, impede a lembrança clara de cenas oníricas e que também causa a inconsciência momentânea no instante da morte. Por essa providência misericordiosa, porém, a pessoa comum, desconhecendo todas essas questões e totalmente despreparada para enfrentá-las, pode a qualquer momento cair presa de uma entidade astral que a leva e submete à influência de energias totalmente incontroláveis. Ela estaria à mercê das constantes obsessões de qualquer entidade do plano astral que quisesse apoderar-se de seus veículos.

Podemos facilmente compreender, portanto, que um dano a essa rede será de enorme gravidade. Como qualquer avaria pode dar-se de maneiras diversas, cabe a nós fazer todo o esforço possível para nos proteger desse risco. Ela pode ocorrer por acidente ou por negligência prolongada. Qualquer grande choque sofrido pelo corpo astral, como um susto repentino e forte, pode destruir esse delicado organismo e, como em geral dizemos, levar a pessoa à loucura (certamente o medo pode causar insanidade de muitas outras maneiras, mas essa é uma delas). Uma forte explosão de raiva pode produzir o mesmo efeito. Na verdade, todo esse estrago pode resultar de uma emoção muito intensa e de caráter maléfico que produz algo como uma explosão no corpo astral.

EFEITOS DO ÁLCOOL E DAS DROGAS

As práticas perniciosas que aos poucos mais prejudicam essa rede protetora são de duas espécies – o uso de álcool e de drogas narcóticas e o esforço deliberado de abrir as portas que a natureza mantém fechadas, por meio de um processo descrito na linguagem espiritualista como "sentar para o desenvolvimento".[22]

Certas drogas e bebidas – especialmente o álcool e todos os narcóticos, incluindo o fumo – contêm matéria que, ao quebrar, volatiliza-se, e parte dela passa do plano físico para o astral. (Até mesmo o chá e o café contêm essa matéria, mas em quantidades tão infinitesimais que em geral o efeito só se manifesta após abuso prolongado.)

Quando isso acontece no corpo do indivíduo, esses componentes saem pelos chakras na direção oposta à

22. Prática na qual um aspirante a médium se senta em silêncio ou em meditação, com o propósito de forçar o desenvolvimento de suas faculdades espirituais ou mediúnicas. (N. do E.)

prevista; saindo repetidamente desse modo, danificam seriamente a delicada rede até por fim destruí-la. Essa deterioração ou destruição pode ser provocada de duas maneiras distintas, de acordo com o tipo de pessoa envolvida e com a proporção dos componentes em seus corpos etérico e astral. Primeiro, o fluxo da matéria volatilizada queima de fato a rede, abrindo assim a porta para todo tipo de energias irregulares e influências maléficas.

A segunda consequência é que esses componentes voláteis, ao passarem pelo átomo, de alguma forma o endurecem, controlando e paralisando sua pulsação e, assim, a energia específica que o prende a uma rede não consegue mais vitalizá-lo. O resultado disso é uma espécie de ossificação da rede e, por isso, muito poucos componentes passam de um plano para outro, o contrário do que deveria ocorrer.

Podemos observar os efeitos dessas duas formas de deterioração no caso de indivíduos que se entregam à embriaguez. Alguns afetados da primeira maneira, comparativamente raros, podem passar por episódios de *delirium tremens*, obsessão ou insanidade. Muito mais comum é a segunda forma de deterioração, em que se verifica uma espécie de entorpecimento geral das qualidades do indivíduo, resultando em materialismo grosseiro, brutalidade e animalismo, perda de todos os sentimentos mais sutis e da capacidade de autocontrole. Ele perde todo senso de responsabilidade; ainda que possa amar sua esposa e filhos quando sóbrio, quando está dominado pela embriaguez usa o dinheiro que levaria o pão para a família para satisfazer seus próprios desejos bestiais, com a afeição e a responsabilidade aparentemente desaparecendo por completo.

EFEITOS DO TABAGISMO

O segundo efeito é muito comum entre os escravos do tabaco. As consequências desse ato são evidentes nos corpos físico, astral e mental.

O fumo impregna o corpo físico com partículas extremamente impuras, produzindo emanações tão densamente materiais a ponto de irritar o olfato. No corpo astral, além de introduzir impurezas, geralmente amortece muitas vibrações, sendo este o motivo por que "acalma os nervos", como se diz.

Para progredir no ocultismo, porém, é evidente que não queremos vibrações amortecidas nem o corpo astral sobrecarregado com partículas venenosas. Precisamos da capacidade de reagir imediatamente a todos os comprimentos de onda possíveis e ainda, ao mesmo tempo, estar no controle total para que nossos desejos sejam como cavalos guiados pela mente inteligente que nos levem aonde queremos ir, não que fujam conosco desenfreadamente, como faz o tabagismo, e nos arrastem a situações nas quais nossa natureza superior sabe que nunca deveríamos estar. Seus efeitos após a morte também são os mais angustiantes, pois o fumo causa uma espécie de ossificação e paralisia do corpo astral, de modo que por longo tempo, de semanas a meses, a pessoa permanece desamparada, prostrada, quase inconsciente, como confinada a uma prisão, incapaz de se comunicar com seus amigos, temporariamente insensível a todas as influências superiores.

Vale a pena pagar esse alto preço por causa de uma pequena indulgência? Não há dúvida de que o hábito de fumar deve ser evitado com todas as forças pelas pessoas que querem realmente desenvolver seus veículos, despertar seus chakras e progredir no caminho da santidade.

Como já foi dito, todas as impressões que passam de um plano para outro devem fazê-lo tão somente através dos subplanos atômicos. Ocorre que esse processo de amortecimento, uma vez instalado, contamina tanto outras matérias atômicas quanto matérias do segundo e terceiro subplanos, de modo que a comunicação entre o astral e o etérico só ocorre quando alguma força atuante nos subplanos inferiores (sobre os quais atuam somente influências desagradáveis e maléficas) é suficientemente forte para impor uma reação por conta da violência da sua vibração.

ABERTURA DAS PORTAS

No entanto, embora a natureza tome suas precauções para proteger esses centros, não é em absoluto sua intenção que eles permaneçam sempre rigidamente fechados. Há uma maneira apropriada de fazer com que se abram. Talvez seja mais correto dizer que a intenção não é fazer com que as portas se abram mais do que já estão abertas, mas sim que as pessoas se desenvolvam a ponto de possibilitar um afluxo muito maior através do canal já conhecido.

A consciência do homem comum ainda não é capaz de usar matéria atômica pura no corpo físico nem no corpo astral e, por isso, normalmente não é possível estabelecer uma comunicação consciente entre os dois planos de acordo com a sua vontade. A maneira adequada de fazer isso é purificar os veículos até que a matéria atômica de ambos esteja totalmente vitalizada, de modo que todas as comunicações entre eles possam passar por essa via. Nesse caso, a rede retém ao máximo sua posição e atividade, mas deixa de ser uma barreira para a comunicação perfeita, enquanto ainda continua a cumprir seu propósito de impedir o contato próximo entre subplanos inferiores que permitiriam que todos os tipos de influências indesejáveis passassem.

É por isso que sempre somos solicitados a esperar o desdobramento dos poderes psíquicos até que venham no curso natural dos eventos como consequência do desenvolvimento do caráter; o estudo desses centros de força deixa claro que eles certamente virão. Essa é a evolução natural, o único caminho realmente seguro, pois por ele o estudante obtém todos os benefícios e evita todos os perigos. É o Caminho que nossos Mestres trilharam no passado. Esse, portanto, é o Caminho que devemos seguir.

CAPÍTULO 5

LAYA-YOGA

OS LIVROS HINDUS

Já se passaram muitos anos desde que escrevi a maior parte das informações sobre os chakras contidas nas páginas precedentes. Na época, meu conhecimento da extensa literatura sobre o assunto no idioma sânscrito era muito superficial. Desde então, porém, surgiram várias obras importantes sobre o assunto em inglês, entre as quais *The Serpent Power*, uma tradução de Arthur Avalon da obra *Shat Chakra Nirupana*, *Thirty Minor Upanishads* [Trinta Upanishads Menores], traduzido por K. Narayana-swami Aiyar, e *The Shiva Samhita*, traduzido por Sri Chandra Vidyarnava. Essas obras abordam extensamente esse tema específico; muitas outras tratam do assunto de forma mais casual.

O livro de Avalon nos oferece uma excelente série de ilustrações coloridas de todos os chakras, na forma simbólica em que os yogues hindus sempre os representam.

Esse aspecto da ciência hindu está aos poucos se tornando mais conhecido no Ocidente. Para melhor proveito dos meus leitores, tentarei esboçar a seguir alguns dos seus aspectos.

SÉRIE HINDU DOS CHAKRAS

Os chakras mencionados nesses livros sânscritos são os mesmos que conhecemos hoje, exceção feita, como já mencionei, ao chakra esplênico, que sempre substituem pelo seu *Svadhishthana*. Eles diferem ligeiramente entre si quanto ao número de pétalas, mas no geral concordam, embora por algum motivo desconhecido não incluam o chakra coronário, dando a esse centro o nome *Sahasrara Padma* – o lótus de mil pétalas –, limitando-se assim a seis chakras propriamente ditos. Os autores hindus também observaram e descreveram devidamente o chakra menor de doze pétalas situado no interior do chakra coronário. Com relação ao sexto chakra, mencionam duas pétalas em vez de 96, sem dúvida referindo-se às duas divisões do disco desse centro, mencionadas no Capítulo 1.

As discrepâncias quanto ao número de pétalas têm pouca importância. Por exemplo, o *Yoga Kundalini Upanishad* menciona dezesseis pétalas no chakra cardíaco, em vez de doze, e o *Dhyanabindu Upanishad* e o *Shandilya Upanishad* mencionam doze raios em vez de dez no chakra umbilical.

Diversas obras também se referem a outro chakra localizado abaixo do coração e a vários outros entre o chakra frontal e o lótus coronário, todos considerados de grande importância. O *Dhyanabindu Upanishad* afirma que o lótus do coração tem oito pétalas, mas a descrição que faz do uso desse chakra na meditação indica, como veremos mais adiante, que o texto provavelmente se refere ao chakra cardíaco secundário ao qual acabei de me referir. Há também algumas divergências com relação às cores das pétalas, como é possível ver na Tabela 5, comparando algumas das principais obras com a nossa lista.

Chakra	Nossas Observações	Shat Chakra Nirupana	Shiva Samhita	Garuda Purana
1	Vermelho-laranja ígneo	Vermelho	Vermelho	-
2	Brilho do sol	Vermelhão	Vermelhão	Brilho do sol
3	Vários vermelhos e verdes	Azul	Dourado	Vermelho
4	Dourado	Vermelhão	Vermelho-escuro	Dourado
5	Azul-prateado brilhante	Púrpura esfumaçado	Ouro brilhante	Brilho da lua
6	Amarelo e púrpura	Branco	Branco	Vermelho

TABELA 5 – CORES DAS PÉTALAS DO LÓTUS.

É natural que ocorram diferenças como essas, pois os chakras variam de acordo com diferentes povos e etnias, como também com as características dos observadores. O exposto no Capítulo 1 resulta de cuidadosas observações feitas por vários estudantes ocidentais que tomaram todas as precauções para comparar notas e comprovar o que observaram.

As representações dos chakras feitas pelos yogues hindus para uso dos alunos são sempre simbólicas e não têm relação com o aspecto real do chakra, a não ser a tentativa de indicar a cor e o número de pétalas.

No centro de cada representação, encontramos uma forma geométrica, uma letra do alfabeto sânscrito, um animal e duas divindades, uma masculina e outra feminina. A Figura 9 reproduz o desenho do chakra cardíaco incluído no livro de Arthur Avalon (Sir John George Woodroffe), *The Serpent Power*. Faremos um esforço para explicar o significado dos vários símbolos.

REPRESENTAÇÃO DOS CHAKRAS

O objetivo do Laya-Yoga, ou Kundalini-Yoga, é o mesmo de todas as demais modalidades do yoga hindu, ou seja, a união da alma com Deus. Para esse propósito, são sempre necessárias três espécies de esforços - de amor, de pensamento e de ação. Embora uma determinada escola de yoga enfatize particularmente a vontade, como nos ensinamentos dos *Yoga Sutras*, e outra prescreva principalmente o amor, como nas orientações de Shri Krishna a Arjuna no *Bhagavad Gita*, afirma-se enfaticamente que os esforços devem ser feitos nas três direções.

Assim, Patanjali propõe para o candidato iniciante um curso de *tapas*, ou esforço de purificação, de *svadhyaya*, ou estudo de temas espirituais, e de *Ishvara pranidhana*, ou devoção incessante a Deus.

Analogamente, Shri Krishna, depois de explicar a Seu aluno que a sabedoria é o instrumento mais valioso de serviço, a maior oferenda que alguém pode fazer, acrescenta que só é possível aprendê-la por meio da devoção, da pesquisa e do serviço, concluindo Sua afirmação com estas palavras de grande significado: "Os Sábios, os Videntes da Verdade, te ensinarão a sabedoria".

Em *At the Feet of the Master*,[23] a versão mais moderna dos ensinamentos orientais, encontramos a mesma tríplice recomendação, expressa nas palavras discernimento, boa conduta e amor a Deus, ao Guru ou Mestre e ao próximo.

Para compreender os diagramas dos chakras usados pelos yogues hindus, devemos ter em mente que seu objetivo era auxiliar o aspirante nessas três vias do desenvolvimento espiritual. Ele deve conhecer a constituição do mundo e do homem (o que hoje chamamos Teosofia), desenvolver uma profunda e intensa devoção através do culto a Deus e, com o necessário e

23. *Aos Pés do Mestre*. São Paulo: Pensamento, 1972 (fora de catálogo).

concomitante esforço, despertar as camadas internas da Kundalini e conduzi-la (pois essa energia é sempre mencionada como uma deusa) num giro pelos chakras.

Considerando esses três objetivos, encontramos em cada chakra alguns símbolos relacionados aos ensinamentos e à devoção que, no entanto, não necessariamente constituem parte essencial ou funcional do chakra.

FIGURA 9 – DIAGRAMA HINDU DO CHAKRA CARDÍACO.

Temos um exemplo ocidental da mesma natureza nos serviços – ou práticas de yoga coletivas – da Igreja Católica Liberal. Nesse contexto, esforçamo-nos tanto para estimular a devoção quanto para transmitir o conhecimento espiritual, praticando ao mesmo tempo a magia inerente aos ritos. Devemos lembrar também que, nos tempos antigos, os yogues que vagavam ou moravam nas florestas contavam com recursos escassos, entre os quais a dificuldade de conseguir até mesmo os livros escritos em folhas de palmeira. Isso os obrigava a se servirem de técnicas mnemônicas, como muitos desses símbolos apresentam. Às vezes, sentavam-se aos pés dos seus gurus e aprendiam a Teosofia com o auxílio de notas representadas nesses desenhos, podendo posteriormente lembrar-se do conteúdo aprendido e recapitulá-lo.

O CHAKRA CARDÍACO

É impossível explicar aqui de modo completo a simbologia de todos os chakras. Creio ser suficiente descrever apenas o provável significado do chakra cardíaco ou *Anahata*, ilustrado na Figura 9. Antes disso, porém, convém mencionar três grandes dificuldades que encontramos nesta tentativa: a primeira são as inúmeras interpretações dadas à maioria dos símbolos; a segunda é a absoluta resistência dos yogues hindus a atender ao pesquisador; a terceira é a relutância obstinada desses yogues em transmitir seus conhecimentos ou pensamentos a qualquer pessoa, exceto ao estudante que se coloca *in statu pupillari* [na condição de aluno] com o propósito definido de se entregar totalmente ao trabalho do Laya-Yoga e determinado, se necessário, a passar toda a sua vida esforçando-se para alcançar o objetivo.

O chakra cardíaco está descrito nos versículos 22-27 do *Shatchakra Nirupana*, transcritos a seguir em uma tradução resumida de Avalon:

> O Lótus do Coração é da cor da flor Bandhuka [vermelha] e nas suas doze pétalas estão as letras de *Ka a Tha*, com o Bindu acima delas, da cor do vermelhão. Em seu pericarpo está o Vayu-Mandala hexagonal, de cor esfumaçada, e acima dele o Surya-Mandala, com o Trikona brilhante como 10 milhões de relâmpagos dentro dele. Acima dele o Vayu-Bija, de tonalidade fumacenta, está sentado sobre um antílope preto, de quatro braços e carregando o aguilhão (*ankusha*). No colo de Vayu-Bija está Isha de três olhos. Como Hamsa (Hamsabha), seus dois braços estão estendidos nos gestos de conceder bênçãos e dissipar o medo. No pericarpo desse Lótus, sentado sobre um lótus vermelho, está Shakti Kakini. Ela tem quatro braços e carrega o laço (Pasha), o crânio (Kapala) e faz os sinais de bênção (Vara) e dissipação do medo (Abhaya). Ela é de um tom dourado, está vestida com roupas amarelas e usa toda variedade de joias e uma guirlanda

de ossos. Seu coração é suavizado pelo néctar. No meio do Trikona está Shiva na forma de um Vana-Linga, com a lua crescente e o Bindu em sua cabeça. Ele é de cor dourada. Ele parece feliz com uma onda de desejo. Abaixo dele está o Jivatma como Hamsa. É como a chama afilada e constante de uma lâmpada.

Abaixo do pericarpo desse Lótus está o lótus vermelho de oito pétalas, com sua cabeça voltada para cima. É nesse lótus (vermelho) que estão a Árvore Kalpa e o altar de joias encimado por um toldo e decorado com bandeiras e assemelhados, sendo esse o local de adoração mental.

AS PÉTALAS E AS LETRAS

Como vimos, as pétalas desses lótus são formadas pelas energias primárias que fluem para o corpo pelos raios da roda. O número de raios é definido pelo número de forças pertencentes à energia que passa por um chakra específico. Nesse caso, temos doze pétalas, e as letras a elas atribuídas simbolizam evidentemente certa porção do poder criativo total ou energia vital que penetra no corpo. As letras mencionadas aqui são de *Ka a Tha*, tomadas na ordem normal do alfabeto sânscrito. Esse alfabeto é de natureza absolutamente científica – nada indica que tenhamos algo parecido nas línguas ocidentais – e suas 49 letras em geral se distribuem segundo a forma tabular a seguir, acrescida da letra *ksha* para chegar a um número suficiente de letras para as 50 pétalas dos seis chakras.

16 VOGAIS			
अ - a	उ - u	ऌ - ḷ	ओ - o
आ - ā	ऊ - ū	ॡ - ḹ	औ - au
इ - i	ऋ - ṛi	ए - e	अं - ṃ
ई - ī	ॠ - ṛī	ऐ - ai	अः - ḥ

33 CONSOANTES					
Guturais	क - ka	ख - kha	ग - ga	घ - gha	ङ - ṅa
Palatais	च - cha	छ - chha	ज - ja	झ - jha	ञ - ña
Cerebrais	ट - ṭa	ठ - ṭha	ड - ḍa	ढ - ḍha	ण - ṇa
Dentais	त - ta	थ - tha	द - da	ध - dha	न - na
Labiais	प - pa	फ - pha	ब - ba	भ - bha	म - ma
Semivogais	य - ya	र - ra	ल - la	व - va	
Sibilantes	श - śa	ष - ṣha	स - sa		
Aspiradas	ह - ha				

TABELA 6 – ALFABETO SÂNSCRITO.

Para fins de yoga, esse alfabeto inclui todos os sons humanos e, do ponto de vista da linguagem, é uma expressão materialmente ampliada do único som criador, ou palavra criadora.

Como a palavra sagrada *Aum* (cujo som começa no fundo da boca com *a*, passa pelo centro com *u* e termina nos lábios com *m*), o alfabeto simboliza toda expressão criadora e, portanto, um conjunto de poderes. Estes são atribuídos da seguinte maneira: as dezesseis vogais ao chakra laríngeo; *Ka* a *Tha* ao cardíaco; *Da* a *Pha* ao umbilical; *Ba* a *La* ao esplênico e *Va* a *Sa* ao básico. *Ha* e *Ksha* são atribuídos ao chakra *ajna*, e considera-se que o Lótus Sahasrara, ou chakra coronário, inclui o alfabeto tomado vinte vezes.

Não vemos um motivo claro em atribuir letras aos chakras mencionados, mas constatamos um aumento crescente de poderes à medida que percorremos a ordem dos chakras, do primeiro ao sétimo. É possível que os criadores do sistema Laya conhecessem detalhes desses poderes e os designassem recorrendo às letras, do mesmo modo como usamos letras para identificar ângulos na geometria ou emissões radioativas na química.

A prática da meditação sobre essas letras tem evidentemente relação com o objetivo de alcançar "o som interno que mata o externo", para usar a expressão de *A Voz do Silêncio*.

A meditação científica dos hindus começa com a concentração em um objeto representado ou um som, e somente quando a atenção está firmemente estabilizada nele é que o yogue tenta chegar à compreensão do seu significado mais elevado. Assim, ao meditar sobre um Mestre, primeiro ele visualiza a forma física e em seguida tenta sentir as emoções do Mestre, compreender seus pensamentos e assim por diante.

Nessa questão dos sons, o yogue tenta passar interiormente do som como o conhecemos e emitimos para a qualidade e poder internos desse som, o que favorece a passagem da sua consciência de um plano a outro. Podemos imaginar que Deus criou os planos recitando o alfabeto e que nossa palavra falada é sua espiral mais baixa. Nessa forma de yoga, pela absorção interna ou *laya*, o aspirante se empenha em retornar a esse caminho e assim se aproximar do Divino. A obra *Light on the Path*[24] nos exorta a ouvir a canção da vida e a tentar captar seus tons ocultos ou mais elevados.

AS MANDALAS

A mandala hexagonal, ou "círculo", que ocupa o pericarpo do lótus do coração, simboliza o elemento Ar. Cada chakra está associado a um dos elementos: Terra, Água, Fogo, Ar, Éter e Mente. Esses elementos são estados da matéria, não são elementos como os entende a química moderna. Equivalem, portanto, aos estados sólido, líquido, ígneo ou gasoso, aéreo e etérico, e de certa maneira são análogos aos nossos subplanos e planos – físico, astral, mental etc. Esses elementos são representados por certos *yantras* ou diagramas de caráter simbólico, apresentados no *Shatchakra Nirupana*, como mostra a Tabela 7, e presentes nos pericarpos dos lótus representados.

24. *Luz no Caminho*. São Paulo: Pensamento, 1962 (fora de catálogo).

Na lista a seguir, às vezes o vermelho-alaranjado aparece no lugar do amarelo, o azul ocupa o lugar do esfumaçado e o preto aparece no lugar do branco no quinto chakra. Vale explicar que o preto pode ser representado pelo índigo ou pelo azul-escuro.

Chakra	Elemento	Forma	Cor
1	Terra	Quadrado	Amarelo
2	Água	Lua crescente	Branco
3	Fogo	Triângulo	Vermelho vivo
4	Ar	Dois triângulos entrelaçados (figura hexagonal)	Esfumaçado
5	Éter	Círculo	Branco
6	Mente	-	Branco

TABELA 7 – FORMAS SIMBÓLICAS DOS ELEMENTOS.

O leitor ocidental pode estranhar o fato de a mente ser incluída entre os elementos, o que não acontece com o hindu, para quem a mente não passa de um instrumento da consciência. O hindu observa a realidade de um ponto de vista muito elevado, às vezes como se fosse da perspectiva da Mônada. Por exemplo, na sétima estância do *Bhagavad Gita*, Shri Krishna diz: "Terra, água, fogo, ar, éter, manas, *buddhi* e *ahamkara* – essas são as oito divisões da minha manifestação (*prakriti*)". Um pouco adiante, Ele se refere a essas oito divisões como "minha natureza inferior".

Esses elementos estão associados à ideia dos planos, como explicado antes, mas parece que os chakras não têm uma relação especial com eles. Certamente, porém, à medida que medita sobre esses elementos e seus símbolos correspondentes em cada chakra, o yogue lembra o esquema dos planos.

Essa forma de meditação também o auxilia a elevar seu centro de consciência através dos níveis do plano em que ele se encontra no momento, até o sétimo ou outro mais alto e, a partir deste, a algo ainda mais elevado.

Sem considerar a possibilidade de ascender a um plano superior plenamente conscientes, temos na meditação um meio de elevar a consciência para que tenha condições de sentir as influências de um mundo superior e dele receber impressões. A energia ou influência assim recebida e sentida é sem dúvida o "néctar" mencionado pelos livros e ao qual voltaremos a nos referir no contexto da ascensão da *kundalini* desperta ao chakra coronário.

OS YANTRAS

Em *Nature's Finer Forces* [As Forças Sutis da Natureza], o *pandit* Rama Prasad nos oferece um estudo minucioso das razões que *fundamentam* as formas geométricas dos yantras. Suas explicações são muito longas para serem reproduzidas aqui, por isso apresentamos uma síntese das principais ideias.

Segundo ele, assim como existe um éter luminoso que transporta a luz para os nossos olhos, há igualmente uma variedade especial de éter para cada uma das outras formas de sensação – olfato, paladar, tato e audição. Esses sentidos têm correlação com os elementos representados pelos *yantras* – o olfato com o sólido (quadrado), o paladar com o líquido (lua crescente), a visão com o gasoso (triângulo), o tato com o aéreo (hexágono) e a audição com o etérico (círculo). Prasad acrescenta que o som se propaga em círculos, isto é, em radiações circulares; daí o círculo no quinto chakra. A luz se propaga em forma de triângulo, pois um dado ponto na onda luminosa se move um pouco para a frente e também em ângulos retos à linha de avanço, de modo que, ao completar seu movimento, a configuração é de um triângulo; daí o triângulo no terceiro chakra. Sempre de acordo com o *pandit*, nos casos do tato, do paladar e do olfato, há igualmente um movimento específico no éter que justifica as formas associadas a esses sentidos em seus respectivos chakras.

OS ANIMAIS

O antílope, por sua rapidez, é um símbolo adequado para o elemento Ar, e o *bija* ou mantra-semente (ou sílaba semente, o som em que se manifesta o poder que rege esse elemento) é *Yam*. Pronuncia-se a palavra *Yam* como a letra y, seguida por uma vogal curta semelhante ao "a" em "pano", e um som nasal final equivalente ao "ã" da língua portuguesa. O ponto sobre a letra "*m*" (म) representa esse som, e nesse ponto está a divindade a ser cultuada nesse centro – a deusa Isha de três olhos.

Outros animais são o elefante, associado à terra por sua solidez e ao éter por seu poder de sustentação; o *makara* ou o crocodilo, relacionado à água do Chakra 2; e o carneiro (considerado um animal ígneo ou agressivo) no Chakra 3. Para certos propósitos, o yogue pode imaginar-se sentado sobre esses animais exercendo o poder representado por suas respectivas qualidades.

AS DIVINDADES

Alguns desses mantras contêm uma ideia interessante que podemos ilustrar referindo-nos à conhecida palavra sagrada *Aum* (Om). Ela é constituída de quatro partes – a, u, m e *ardhamatra*. *A Voz do Silêncio* menciona esse aspecto dizendo:

> E então poderás repousar entre as asas da *Grande Ave*. Sim, doce é o repouso entre as asas do que não nasce nem morre, mas é o AUM através de idades eternas.[25]

25. BLAVATSKY, Helena P. *A Voz do Silêncio*. São Paulo: Pensamento, 2010, p. 64.

Em nota de rodapé relacionada a estas palavras, Madame Blavatsky refere-se à Grande Ave:

> *Kâla Hamsa*, a "Ave" ou Cisne. Diz o *Nâda-Bindu Upanishad* (*Rig Veda*), traduzido pela Sociedade Teosófica de Kumbakonam: "Considera-se ser a letra A a asa direita da ave Hamsa; U, a esquerda; M, a sua cauda, e o *Ardha mâtrâ* (meio metro ou verso), a sua cabeça".[26]

Depois de concluir sua meditação sobre a terceira sílaba, o yogue passa para a quarta, onde reina o silêncio. Ele medita sobre a divindade nesse silêncio.

As divindades atribuídas aos chakras variam nos diferentes livros. Por exemplo, o *Shatchakra Nirupana* situa Brahma, Vishnu e Shiva no primeiro, segundo e terceiro chakras, respectivamente, e aspectos diversos de Shiva além deles, mas a obra *Shiva Samhita* e algumas outras colocam Ganesha (o filho de Shiva com cabeça de elefante) no primeiro chakra, Brahma no segundo e Vishnu no terceiro. As diferenças certamente têm relação com a seita do devoto.

No chakra cardíaco, outra divindade feminina está ao lado de Isha, Shakti Kakini. Shakti significa poder ou energia. O poder do pensamento é descrito como shakti da mente. Cada um dos seis chakras tem sua divindade feminina – Dakini, Rakini, Lakini, Kakini,

26. *Ibid.*

Shakini e Hakini – que alguns identificam com os poderes que governam os vários *dhatus* ou substâncias corporais. Nesse chakra, Kakini está sentada sobre um lótus vermelho. Ela tem quatro braços (quatro poderes ou funções). Com duas mãos, ela faz os mesmos sinais de concessão de bênçãos e de dissipação de medos que Isha; com as outras duas, segura um laço (símbolo que é outra forma da cruz *ankh*) e uma caveira (sem dúvida simbolizando a morte da natureza inferior).

MEDITAÇÃO SOBRE O CORPO

Às vezes, as meditações recomendadas para esses chakras abrangem o corpo inteiro, conforme o seguinte extrato do *Yogatattva Upanishad*:

> Existem cinco elementos, Terra, Água, Fogo, Ar e Éter. Para o corpo dos cinco elementos, há uma concentração quíntupla. Diz-se que a região da terra vai dos pés aos joelhos; sua forma é quadrada, sua cor é amarela e sua letra é *La*. Dirigindo a respiração com a letra *La* para a região da terra (dos pés aos joelhos) e contemplando Brahma com quatro faces e quatro bocas, e de cor dourada, deve-se realizar a meditação ali. ...
>
> A região da água se estende dos joelhos ao ânus. A água tem forma de meia-lua, tem cor branca e tem *Va* como sua letra *bija* (semente). Dirigindo

a respiração com a letra *Va* para a região da água, o yogue deve meditar sobre o deus Narayana com quatro braços e cabeça coroada, da cor do cristal puro, vestido com roupas laranja e incorruptível. ...

Entre o ânus e o coração está a região do fogo. Sua forma é triangular, sua cor é vermelha, e sua letra, *bija* ou semente é *Ra*. Dirigindo a respiração, luzidia com a letra *Ra*, à região do fogo, ele deve meditar sobre Rudra de três olhos, que atende a todos os desejos, tem a cor do sol do meio-dia, está todo coberto com cinzas sagradas e mostra um semblante satisfeito. ...

Do coração ao meio das sobrancelhas está a região do ar. O ar tem forma hexagonal, cor preta e brilha com a letra *Ya*. Dirigindo a respiração à região do ar, ele deve meditar sobre Ishvara, o onisciente, com faces em todos os lados. ...

Entre o centro das sobrancelhas e o topo da cabeça encontra-se a região do éter, de forma circular, cor esfumaçada, brilhando com a letra *Ha*. Dirigindo a respiração para a região do éter, ele deve meditar sobre Sadashiva da seguinte maneira: gerando felicidade, tendo forma de *bindu* (uma gota), como o Grande Deva, tendo a forma do éter, brilhando como cristal puro, com a lua crescente em sua cabeça, tendo cinco faces, dez mãos e três olhos, com semblante agradável, equipado com todas as armas, adornado com todos os ornamentos, tendo a deusa Uma na metade do seu corpo, disposto a conceder favores e como causa de todas as causas.

Até certo ponto, essa descrição confirma nossa sugestão de que, em alguns casos, os princípios sobre os quais somos orientados a meditar aplicam-se a partes do corpo para fins exclusivamente mnemônicos, sem intenções de influenciar essas partes.

OS NÓS

No centro do lótus do coração, está representado um *trikona*, ou triângulo invertido. Essa característica é própria apenas dos chakras raiz, cardíaco e frontal. Esses três chakras têm *granthis*, ou nós especiais, pelos quais a *kundalini* deve passar em sua jornada.

O primeiro é às vezes chamado nó de Brahma; o segundo, de Vishnu, e o terceiro, de Shiva. Esse simbolismo implica a ideia de que a perfuração desses chakras envolve de algum modo uma mudança de estado especial, possivelmente da personalidade ao Eu Superior e do Eu Superior à Mônada – as regiões governadas por esses Aspectos, por assim dizer. No entanto, essa é apenas parte da verdade, pois temos observado que o chakra cardíaco recebe impressões do astral superior, o chakra laríngeo, do mental, e assim por diante. A divindade está representada em cada triângulo como um *lingam*, ou instrumento de união. O *Jivatma* (literalmente, "ser vivo", alma/eu individual, essência espiritual) voltado para cima "como a chama de uma lâmpada" é o ego, representado como chama inextinguível, provavelmente porque não é afetado pelos acidentes da vida material, como o é a personalidade.

O LÓTUS CARDÍACO SECUNDÁRIO

O segundo pequeno lótus representado logo abaixo do chakra cardíaco também é uma característica especial desse centro. É um foco de meditação sobre a forma do guru ou do Aspecto da Divindade cultuado pelo devoto ou que lhe é indicado por seu mestre. Aqui o fiel imagina uma ilha de pedras preciosas, repleta de árvores imponentes e um altar para prestar culto, assim descrita pelo *Gheranda Samhita*:

> Com os olhos fechados, imaginar que há um mar de néctar dentro do coração e que no meio deste mar há uma ilha de pedras preciosas, cujas areias são formadas por diamantes e rubis pulverizados. Por toda parte observam-se árvores *kadamba*, cheias de flores perfumadas; perto dessas árvores, como numa planície, observa-se uma fileira de árvores em flor, tais como *malati*, *mallika*, *jati*, *keskara*, *champaka*, *parijata* e *pakdma*, espalhando sua fragrância por toda parte.
>
> O yogue deve imaginar que no meio desse jardim ergue-se uma bela árvore *kalpa*, com quatro ramos que representam os quatro vedas, cheia de flores e de frutos. Ali esvoaçam os insetos e cantam

> os pássaros. Debaixo dessa árvore, o yogue deve imaginar uma rica plataforma de pedras preciosas e sobre ela um magnífico trono incrustado de joias, e que nesse trono se senta sua *ishtadevata* (divindade particular), tal como lhe ensinou seu guru. Deve contemplar exatamente a forma, os ornamentos e o veículo dessa Divindade.[27]

Nesses momentos, o devoto cria tão vividamente esse deslumbrante cenário em sua imaginação a ponto de ficar absorto em seus pensamentos e esquecer completamente o mundo exterior. O processo, contudo, não é inteiramente imaginário, pois este é um meio de manter contato constante com o Mestre. Assim como as imagens de pessoas feitas por alguém que está no mundo celestial após a morte são preenchidas com vida pelo ego dessas pessoas, com sua presença real o Mestre preenche a forma-pensamento produzida por seu discípulo. Desse modo, ele pode receber inspiração e às vezes instrução.

Um exemplo interessante nesse sentido é o de um senhor hindu idoso que vivia como yogue em um povoado na Presidência de Madras, que se dizia aluno do Mestre Morya. Acontece que, anos antes, viajando pelo sul da Índia, esse mestre visitou a localidade onde esse homem morava. Nessa ocasião, este se tornou aluno do Mestre Morya e desde então não perdeu contato com ele.

---

27. *Op. cit.*, V.1, 2-8. Trad. Sris Chandra Vidyarnava 6:2-8.

O Mestre lhe aparecia com frequência e o instruía por intermédio de um centro em seu interior.

Os hindus destacam muito particularmente a necessidade de um Guru ou Mestre e o reverenciam sobremodo quando o encontram. Reafirmam incansavelmente que ele deve ser tratado como um ser divino.

O *Tejobindu Upanishad* diz: "O limite extremo de todos os pensamentos é o guru". Sustentam que, se alguém pensasse nas gloriosas qualidades do Ser Divino, sua imaginação ainda ficaria abaixo das perfeições do Mestre.

Nós que conhecemos bem os Mestres constatamos a veracidade dessa atitude. Seus discípulos encontram neles culminâncias de consciência esplêndidas e gloriosas além de todas as expectativas. Não que considerem o Mestre igual a Deus; mas sim que a porção do Divino que o Mestre alcançou ofusca suas concepções anteriores a respeito Dele.

EFEITOS DA MEDITAÇÃO SOBRE O CORAÇÃO

O *Shiva Samhita* descreve os benefícios para o yogue advindos da meditação sobre o chakra cardíaco da seguinte forma:

> Ele obtém imensurável conhecimento, conhece o passado, o presente e o futuro; tem clariaudiência, clarividência e pode andar no ar sempre que desejar.

> Ele vê os adeptos e as deusas conhecidas como Yoginis; obtém o poder conhecido como Khechari e conquista tudo o que se move no ar.
>
> Aquele que contempla diariamente o Banalinga oculto, sem dúvida obtém os poderes psíquicos chamados Khechari (movimento no ar) e Bhuchari (deslocamento por todo o mundo à vontade).[28]

Não é necessário comentar essas descrições poéticas dos vários poderes, pois o estudante tem condições de ler nas entrelinhas. Não obstante, algumas dessas afirmações podem ser tomadas em sentido literal, visto que a Índia é repleta de maravilhas - os misteriosos poderes dos que caminham sobre brasas e a habilidade hipnótica fantástica demonstrada por alguns mágicos que realizam o famoso truque da corda indiana e feitos semelhantes.

KUNDALINI

Os yogues hindus que escreveram os livros que chegaram até nós pouco se interessavam pelos aspectos fisiológicos e anatômicos do corpo, mas dedicavam-se à prática da meditação e do despertar da *kundalini* com o propósito de expandir a consciência ou ascender a planos mais elevados. Essa pode ser a razão por que as obras em sânscrito pouco ou nada dizem sobre os

---

28. *The Shiva Samhita*, V, 86-88.

chakras etéricos, mas muito sobre os chakras na coluna vertebral e a passagem da *kundalini* através deles.

Esses livros descrevem a *kundalini* como uma devi ou deusa fulgurante como o raio. Ela dorme no chakra raiz, enroscada como uma serpente, três voltas e meia em torno do *linga svayambhu* que lá se encontra, e fechando a entrada para *sushumna* com sua cabeça. Os livros nada dizem sobre a possibilidade de a camada externa dessa energia estar ativa em todos os seres humanos, mas esse fato está implícito na afirmação de que, mesmo enquanto ela dorme, "mantém todas as criaturas que respiram".[29] E ela é mencionada como o *Shabda Brahman* no corpo humano. *Shabda* significa palavra ou som, numa referência, portanto, ao Terceiro Aspecto do Logos.

No processo de criação do mundo, esse som surgiu em quatro estágios. É provável que não estejamos muito errados ao associar esses estágios às nossas concepções ocidentais dos três estados de corpo, alma e espírito, e a um quarto que é a união com o Divino ou Todo-Espírito.

O DESPERTAR DA KUNDALINI

O objetivo dos yogues é despertar a parte adormecida da *kundalini* e, em seguida, fazer com que ela suba gradualmente pelo canal *sushumna*. Com esse propósito, vários métodos são prescritos, incluindo o uso da

29. *The Serpent Power.*

vontade, modos peculiares de respiração, mantras e várias posturas e movimentos. O *Shiva Samhita* descreve dez *mudras*, afirmando serem os melhores para essa finalidade, a maioria deles abarcando todos esses esforços ao mesmo tempo.

Ao tratar da eficácia de um desses métodos, Avalon descreve o despertar das camadas internas da *kundalini* da seguinte forma:

> O calor no corpo então se torna muito intenso, e a *kundalini*, sentindo-o, desperta de seu sono, assim como uma serpente golpeada por uma vara, sibila e se estica. Então entra no *sushumna*.[30]

Relatos indicam que a *kundalini*, além da vontade, pode ser despertada também por acaso – por um golpe ou por pressão física, por exemplo. Ouvi menção a uma ocorrência dessa natureza no Canadá. Uma senhora, que nada sabia sobre esses assuntos, caiu dos degraus do porão da casa. Ela ficou inconsciente por algum tempo e, ao acordar, deu-se conta de que se tornara clarividente, capaz de ler os pensamentos que passavam pela cabeça das pessoas e de ver o que acontecia em todos os cômodos da casa. Ela conservou essa faculdade de modo permanente. Supõe-se nesse caso que, ao cair, a senhora deva ter recebido um golpe na base da coluna vertebral, no exato local e de natureza tal de modo a

30. *The Serpent Power*.

ativar parcialmente a *kundalini*; ou, claro, pode ter sido algum outro chakra que foi estimulado artificialmente.

Às vezes, os livros recomendam meditação sobre os chakras sem o prévio despertar da *kundalini*. Esse parece ser o caso nos seguintes versos do *Garuda Purana*:

> Muladhara, Svadhishthana, Manipuraka, Anahatam, Vishuddhi e Ajna são os seis chakras.
>
> Deve-se meditar sobre os chakras em sequência, sobre Ganesha, Vidhi (Brahma), Vishnu, Shiva, Jiva, sobre o Guru e sobre Parabrahman, que tudo penetra.
>
> Depois de cultuar mentalmente todos os chakras, com mente inabalável, ele deve repetir o *Ajapa-gayatri* de acordo com as instruções do Mestre.
>
> Ele deve meditar em Randhra, com o lótus de mil pétalas invertido, sobre o abençoado Mestre dentro de Hamsa, cuja mão de lótus liberta do medo.
>
> Ele deve visualizar seu corpo sendo lavado no fluxo de néctar dos Seus pés. Depois de cultuar da maneira quíntupla, ele deve se prostrar, cantando Seu louvor.
>
> Então ele deve meditar sobre a *kundalini* movendo-se para cima e para baixo, circulando pelos seis chakras, enrolada em três voltas e meia.
>
> Então ele deve meditar sobre o lugar chamado *sushumna*, que sai do Randhra; desse modo, chegará ao estado mais elevado de Vishnu.[31]

---

31. *Op. cit.*, XV, 72, 76, 83-87.

ASCENSÃO DA KUNDALINI

Mais do que explicar, os livros sugerem o que acontece quando a *kundalini* sobe pelo canal através de *sushumna*. Identificam a coluna vertebral com Merudanda, o bastão de Meru, "o eixo central da criação", supostamente do corpo. Afirmam haver na coluna o canal chamado *sushumna*, dentro deste, outro, chamado *Vajrini*, e, dentro deste, um terceiro, chamado *chitrini*, "tão delgado como a teia de aranha". Sobre este estão os chakras, "como nós de uma vara de bambu".

A *kundalini* sobe por *chitrini* pouco a pouco conforme o yogue use sua vontade na meditação. Num primeiro esforço, ela sobe pouco, mas no segundo subirá um pouco mais, e assim por diante. Ao chegar a um dos chakras ou lótus, ela o perfura, e a flor, que estava virada para baixo, volta-se para cima. Quando a meditação termina, o yogue conduz *kundalini* de volta para *Muladhara* pelo mesmo caminho. Em alguns casos ela retorna apenas até o chakra cardíaco, onde entra no que se chama de sua câmara.[32] Vários livros dizem que a *kundalini* reside no chakra umbilical. Nunca a vimos lá em pessoas comuns, mas essa afirmação pode se referir àqueles que a despertaram antes, e assim têm uma espécie de depósito do fogo serpentino no centro.

A explicação dada é que, à medida que a *kundalini* entra e sai de cada chakra ao longo de sua ascensão

---

32. *A Voz do Silêncio*. São Paulo: Pensamento, edição revista, 2010, p. 67.

segundo a variedade de meditações mencionada, ela leva as funções psicológicas desse centro a um estado de latência (daí o termo *laya*). Em cada chakra em que entra, ocorre um grande aprimoramento da vida, mas, como seu objetivo é chegar ao chakra mais alto, ela continua subindo, até alcançar o lótus Sahasrara. De acordo com a simbologia, nesse chakra ela desfruta a bem-aventurança da união com seu senhor, Paramashiva. Ao percorrer seu caminho de volta, ela devolve a cada chakra suas faculdades específicas, mas muito mais aperfeiçoadas.

Tudo isso descreve um processo de transe parcial pelo qual necessariamente passa quem medita profundamente, pois, ao concentrar toda a nossa atenção sobre um assunto elevado, nesse momento deixamos de perceber os vários sons e visões que nos cercam e afetam.

Avalon menciona que em geral são necessários anos de prática para levar a *kundalini* ao Sahasrara, embora em casos excepcionais esse objetivo possa ser alcançado num curto período de tempo. Com a prática resulta a facilidade, de modo que, como está dito, uma pessoa experiente pode levar a Shakti para cima e para baixo em uma hora, embora seja perfeitamente livre para permanecer no chakra coronário o tempo que desejar.

Alguns autores dizem que, quando a *kundalini* ascende, a extensão além do corpo até onde ela chega esfria-se. Sem dúvida, isso ocorre em práticas especiais em que o yogue entra em transe por um longo tempo, mas usando esse poder de modo diferente do habitual. Em *A Doutrina Secreta*, Madame Blavatsky menciona o caso de dois yogues. Um deles vivia perto de Allahabad e ficou sentado em uma pedra durante cinquenta e três anos. Seus discípulos o mergulhavam todas as noites no rio, e depois o recolocavam na pedra. De dia, sua consciência às vezes retornava e ele então proferia suas lições.

Ela cita também outro yogue que viveu em uma ilha perto de Calcutá e que permaneceu de tal modo imóvel que ao redor de suas pernas cresceram as raízes das árvores. Quando cortaram as raízes para libertá-lo e tentaram despertá-lo, ele não resistiu ao abalo e morreu.[33]

OBJETIVO DA KUNDALINI

Os versos finais do *Shatchakra Nirupana* descrevem o término da ascensão da *kundalini* com estas belas palavras:

> A Devi, que é Shuddha-sattva, atravessa os três Lingas e, depois de alcançar todos os lótus conhecidos como os lótus Brahma-nadi, resplandece neles com a plenitude do seu brilho. Em seguida, em seu estado sutil, fulgurante como o raio e fino como a fibra do lótus, Ela se dirige ao reluzente Shiva, a

33. *Op. cit.*, Vol. VI, 204.

Bem-aventurança suprema, e de repente produz a bem-aventurança da Libertação.

A bela Kundalini bebe o excelente néctar vermelho que emana de Para Shiva e retorna de onde brilha a Bem-aventurança Eterna e Transcendente em toda a sua glória ao longo do caminho de Kula e entra em Muladhara. O yogue que ganhou estabilidade mental faz oferendas (Tarpana) ao Ishta-devata, aos Devatas nos seis chakras, a Dakini e a outros, com essa corrente de néctar celestial que está no vaso de Brahmanda, cujo conhecimento ele adquiriu através da tradição dos Gurus.

Se o devoto yogue aos Pés de Lótus do seu Guru, com o coração imperturbável e a mente concentrada, lê esta obra que é a fonte suprema do conhecimento da Libertação, e que é impecável, pura e a mais secreta, então com toda certeza sua mente dança aos Pés do seu Ishta-devata.[34]

---

34. *Op. cit.*, versículos 51, 53, 55.

CONCLUSÃO

Assim como nós, os hindus sustentam que os resultados do Laya-Yoga podem ser alcançados pelos métodos de todos os sistemas de yoga. Nas sete escolas da Índia, e entre os estudantes ocidentais, todos os que entendem corretamente têm o olhar fixo no objetivo mais elevado do esforço humano, naquela liberdade que é ainda mais elevada do que a libertação, porque inclui não só a união com Deus em reinos elevados, além da manifestação terrena, mas também aqueles poderes em cada plano que fazem do homem um Adhikari Purusha, um funcionário ou trabalhador a serviço do Divino, alguém que se dedica a elevar os milhões de sofredores da humanidade à glória e felicidade que a todos nos aguarda.

OM, AIM, KLIM, STRIM

ॐ ऐं क्लीं स्त्रीं